「帝国」ロシアの地政学

「勢力圏」で読むユーラシア戦略

小泉 悠
koizumi Yu

東京堂出版

はじめに――交錯するロシアの東西

近くて遠い島

２０１８年7月、筆者は北方領土の国後島にいた。日本では記録的な猛暑が続いており、テレビでは連日のように熱中症の危険が説かれていた最中である。北方領土はさぞ涼しいだろうという筆者の密かな期待は裏切られ、国後島《くなしり》の中心地・古釜布《ふるかまっぷ》（ロシア名ユジノ・クリリスク）は東京ほどではないにせよ、汗ばむような陽気であった。「数日前まではすごく寒かったんだけど、日本人が暖かさを運んできてくれましたよ」という島民の言葉も、うだるような暑さの東京からやってきた筆者にはうらめしいだけである。続いて訪れた択捉島《えとろふ》もひどく暑く、持参したウインドブレイカーには数えるほどしか袖を通さなかった。

北方領土を訪れるのはこれで二度目だった。どちらも内閣府の北方四島交流事業（いわゆる「ビザなし交流」）による訪問だが、前回は２０１３年秋だったので、ほぼ5年ぶりということになる。

近年になって始まった航空機訪問の場合を除くと、ビザなし訪問団は内閣府の訪問船「えとぴりか」で北方領土を訪れるのが一般的である。地元の北方領土返還運動団体に見送られて根室港から夕方に出航するのだが、その余韻に浸るまでもなく、船はその日の日没前には国後島沖合に到着してしまう。何しろ根室港から古釜布の沖合まで、直線距離で80キロメートルにも満たないのだからあっという間だ。歯舞《はぼまい》群島の貝殻島などは納沙布《のさっぷ》岬から3・7キロメートルしか離れておらず、展望台からは肉眼でもはっきりと見ることができる。日露間の係争地であるために自由に訪れることができない北方領土だが、物理的には文字どおり目と鼻の先なのである。

ちなみにロシア政府は北方領土の行政区分をサハリン州（タイムゾーンはグリニッジ標準時プラス11時間）としている。一方、「えとぴりか」船内ではグリニッジ標準時プラス9時間の日本標準時が適用されるから、船内から手を伸ばせば届きそうな距離にある国後島とは2時間の時差が存在することになる。船内時間では午後7時でも、島内ではもう午後9時なのだ。これもまた政治が作り出した北方領土との「距離」であると言えよう。

甲板に出てみると、目の前の国後島は見る間に夕闇に沈んでいく。島内のあちこちで明かりが灯《とも》り始めるが、その数は5年前よりも随分増えているようだ。島内の幹線道路沿いにも街路灯が点々と輝いており、これも前回の訪問時には認められなかった。ロシア政府によるインフ

夕闇に沈む国後島。「えとぴりか」甲板より

ラ整備は着々と進んでいるらしい。

日が落ちてしまうと、当面することは何もなくなる。船内の食堂で夕食をとり、風呂に入ってから、訪問団の面々とビールを飲みながらそれぞれの身の上などを語り合うくらいだ。元島民やその親族、メディア、労働組合、公務員、地方議会・国会の議員、学生、研究者などバックグラウンドは様々だが、これから数日間は全員平等の「訪問団員」である。特に「えとぴりか」は総トン数わずか1124トンの客船であるから、一部の人間だけを特別扱いすることは物理的にできない。あてがわれる居室も、団長と医師の部屋（診察室を兼ねる）を除くとほとんどが二段ベッドの四人部屋であり、国会議員といえども例外ではない。

団員たちとの語らいが盛り上がっていても、夜更かしは禁物である。国家の税金で参加する以上、二日酔いで島に上陸するなどもってのほか、ということもあるが、何しろ翌朝が早い。前述した時差のせいである。向こうが朝9時に上陸してくれと言ってきたとすると、船内時間では朝7時。ということは、その前に身支度と朝食を済ませておかねばならないので、どうしても朝は早くなる。

国後島に上陸する訪問初日は特に朝が早く、午前4時に叩き起こされる。上陸にあたり、ロシア国境警備隊が「入域」検査を行うためである。「入域」とは、「入国」という言葉を避けるためにひねり出された役所用語だが、事実上は「入国」そのものだ。訪問団員達の朝食が済んだ頃、ロシア国境警備隊の将校が船内に乗り込んできて、事前に提出された参加者リストと実際の訪問団員が相違ないかどうか、一人一人チェックしていく。島に持ち込むカメラ、携帯電話、パソコンなどもすべて型式番号やシリアル番号を書面に記載して提出しなければならない。何度となく繰り返されてきた手順なので向こうも慣れたものだが、人数が多いのでそれなりに時間が掛かるのである。

こうしてチェックが済むと、横付けした連絡船に乗り換えて古釜布の港に上陸する。2013年の訪問では手すりさえついていない艀《はしけ》で吹きさらしのまま上陸したが、今回は日本からの資金援助で建造された連絡船が使えるので随分楽だ。

港の海面は北国特有の重く暗い色をしており、沖合には舷側にロシア国旗のトリコロールを描いた警備艇が停泊していた。警備艇は「えとぴりか」が国後島沖に停泊している間中、動かずにそこにいる。

クリミアから来た酒

ビザなし交流に船が用いられる理由は、当初、純粋に技術的なものだった。つまり、北方領土には軍用飛行場（択捉島のブレヴェストニク飛行場。旧日本海軍の天寧《てんねい》飛行場をソ連軍が接収したもの）を除いて空港が存在しなかったため、船で行くほかなかったのである。当時は日本政府が客船「ロサ・ルゴサ」をチャーターして交流用に使用していたが、これは「えとぴりか」よりもずっと小さく、古い船で、海が荒れた際の乗り心地は相当に酷いものであったと聞く。その後、「ロサ・ルゴサ」は船主である根室市内の企業が税金を滞納したことから差し押さえの対象となり、代わりに建造されたのが「えとぴりか」だ。

だが、ロシア政府の北方領土開発計画である「クリル諸島社会経済発展計画」によって国後島と択捉島に近代的な民間空港が整備されてからも、一部の例外を除き、ビザなし交流では「えとぴりか」が依然として主要な交通手段として用いられ続けている。北方領土では霧が発生することが多く、しかもロシアの建設した空港の着陸支援施設が貧弱であるために欠航が多いという事情もあるが、より大きな要因はやはり政治だ。

航空機で北方領土入りした場合、訪問団は現地に宿泊しなければならなくなる。最近では北方領土にもホテルが建設されているので宿泊場所自体には問題はないが、こうなると不測の事態が発生する可能性が高まる。たとえば、訪問団員が何らかの犯罪に巻き込まれるとか、死亡するといった事態である。この場合、普通は警察による取り調べとか検死が行われるが、そうなればロシアの行政権を間接的に認めることになってしまい、日本政府としては受け入れがたい。実際、2018年には「えとぴりか」の船内で訪問団員が入浴中に死亡するという事態が発生したが、ロシア側による検死を受けさせた方がいいのではないかという医師の意見を外務省の随行員が突っぱねて遺体を根室まで持ち帰ったという。日本人は北方領土で「死んではいけない」のである。

この点、船を使えば島に宿泊する必要はなくなる。つまり、訪問団は朝に島へ上陸し、一日の視察や交流が終わったらまた船へ引き返すということを毎日繰り返せばよい。上陸中にトラブルが生じた場合には如何ともしがたいが（ロシア人からのウォッカのもてなしで泥酔する団員がたまに出る）、少なくとも面倒の起こる確率はかなり減らせるというわけだ。最近では国後島に一泊する訪問形式も実験的に開始されているが、日本政府として安心なのはやはり従来通りの船内泊であろう。

ただ、「えとぴりか」から連絡船への移乗は細い渡し板を伝って行われるので、現役世代はまだしも、元島民のお年寄りには負担が大きい。[※]本書を執筆している時点で、元島民の平均年齢はすでに84歳に達しており、船旅の負担は年々大きくなっていく。ことに単なる交流ではなく、元島民による墓参ということになると訪問団自体の平均年齢も跳ね上がるため、2017年からは日露政府の合意に基づいて航空機による墓参が開始された。中標津《なかしべつ》空港から航空機を利用すればわずか40分で国後島のメンデレーエヴォ空港に到着するため、元島民の負担は格段に低下するが、この場合は島内に宿泊することなく日帰りである。

こうした事情もあるので、島内では基本的に自由行動は許されない。特に「国境」の島である国後島では制限が厳しいらしく、筆者が訪れた二度とも、古釜布の中心部を集団行動で視察するのがせいぜいであった。日本政府としても、訪問団員が勝手な行動をとって政治問題に発展するのは避けたいところであろう。特に筆者が参加した二度目の訪問では、その直前に国後島を訪れた訪問団が持参した衛星電話をロシア当局に没収されるという事態が発生したばかりであった。団員の間でも「カメラは大丈夫かな」「携帯電話は置いていった方がいいんじゃないか」といった会話が交わされ、緊張した雰囲気が漂っていた（結果的に没収されることはな

(※) 2019年には約3000万円を投じて「えとぴりか」が改修され、悪天候時でも船内で小型ボートに乗り込んでから海に降りられるようになった。

国後島の施設に大きく「クリル諸島はロシアの領土」と書かれている

かったが）。

もちろん、自由行動が全くできないというわけではない。訪問団員はルーブルの持ち込みが許されており、限られた時間内に島内の商店街（ささやかなものだが）で土産物を購入したり、市街地の中心部を散策したりする程度のことはできる。

といっても商店で売られているのは、一般的な食料品や生活雑貨ばかりだ。さほど珍しいものでもないので、訪問団の輪から離れて市街地の少し奥まで歩いてみた。

商店、学校、住宅などが海沿いの通りに並んでいる。看板や標識はもちろんロシア語で、街の造作もどう見てもロシアのそれだ。事情を全く知らない人物を目隠ししてここまで連れてきたとしたら、少なくとも日本だとは思わないだろう。よく「北方領土でロシア化が進んでいる」といったことがメディアで言われるが、「進んでいる」というよりもロシア化は「完了している」というのが筆者の印象である。それも5年前に比べると建物の多くが綺麗にリノベーションされていたり、かつては泥道だった道路がアスファルトで舗装されていたりと、インフラは格段に改善されている。

スポーツウェアに大きなリュックサックを背負った三人組が道の向こうから歩いてくるのが見えた。地元の人間ではないようだ。挨拶してみると、「サハリンから観光旅行で来た」という。「あなたはどこから?」「日本です」「ああ、一度行ってみたいんですよ」そんな会話を交わす間、彼らの態度には全く屈託がなかった。日本としての立場がどうあれ、北方領土は実態としてもロシア国民の認識としても「ロシア」になってしまっている。

あまり遠くまで行ってもいけないので、商店街へ戻った。団員の買い物はまだ続いているので、筆者もいくつかの店を覗いてみることにする。

まずは電器店に入ってみると、ガラスのショーケースにスマートフォンがずらりと並んでいた。「一番人気はどれですか?」との筆者の問いかけに、気のいい店員がカウンターから出てきて丁寧に説明してくれた。最も売れているのは中国ファーウェイ社のブランドHonor、これに続くのがやはり中国のシャオミー社製とのこと。価格は1万8000ルーブル台から2万数千ルーブル（だいたい3万円台前半から4万円台前半くらい）ほどだ。ロシア人の全国平均所得

3万6000ルーブルと比較してかなり高価なようだが、北方領土の住民は給与の割り増し支給や住宅・光熱費補助など様々な優遇措置を受けている。その日の午前中に国後島の行政当局から受けたブリーフィングによると、国後島および色丹島の平均所得は月に5万2300ルーブル、大手企業勤務で平均7万6000ルーブルであるというから、決して手が届かないものではないようだ。ローンも利くという。

少し意地悪をして、「じゃあ一番ダメなのは?」と尋ねてみると、店員氏は少し笑って、中国某社の名前を挙げた。価格はいずれも1万ルーブル以下。かつてはロシアでも中国製と言えば粗悪品の代名詞であり、2013年の訪問では中国を見下すような声も住民から聞いたが、今では中国製も「ピンからキリまで」という認識に変化しているようだ。ちなみに北方領土に引かれている光ファイバー回線もファーウェイ社のもので、2019年にはサハリンから国後、択捉を経て色丹島にまで至る回線網が完成した。

続いて食料品店を覗いてみる。品揃えは5年前よりよくなっているようだが、やはり生鮮食料品は少ない。ソ連崩壊後、大都市では年間を通じて輸入物の生鮮食品に困ることはなくなったが、北方領土のような僻地では依然として生鮮食品は貴重である。しかも船や飛行機で運んでくるので、どうしても割高だ。上述の優遇措置も、人を集めるためというばかりではなく、僻地での高コストな暮らしに対する補助金という側面もあるのだろう。

隣の店は酒屋で、酒瓶がずらりと並んでいた。ロシア人と言えば酒好きで知られる。キエフ大公ウラジーミル一世は国教を定めるにあたり、イスラム教、ユダヤ教、キリスト教を検討したが、イスラム教では飲酒を禁じていると聞くと「ルーシの民から酒の喜びを奪うことはできない」と述べてイスラム教を退けたという伝説が残っているほどだ。最近ではインテリ層が公の場であまり酒を飲まなくなり、ビジネスライクな夕食ではワイン一杯だけ、という人も少なくないが、労働者階級は依然としてよく酒を飲む。一番人気は何と言ってもウォッカだが、ワインやコニャックもよく飲まれてきた。

ただ、並んだ酒瓶のラベルは、筆者がモスクワで見慣れたものと少し違うようだ。

「これはクリミアのウォッカですよ」

いつの間にか背後に立っていた現地のコーディネーターが教えてくれた。国後島で観光事業などを手がけており、日本からの訪問団の世話を焼いてくれていた人物だ（もちろん日本人を監視するお目付役としての顔も持っている）。この日は安倍首相とプーチン大統領の顔写真が印刷されたTシャツを着ており、「ほら、シンゾウ（心臓）のところにシンゾウ（安倍首相）の顔が来るでしょ」と日本語交じりのロシアン・ジョークを飛ばしていた。

そう言われて「マリノフカ」というウォッカの瓶を手に取ってみると、なるほど「クリミア産」と書かれている。ワインやコニャックもクリミア産で、結局ビールを除く酒瓶の大部分が

酒屋の棚に並んだクリミア産のウォッカ「マリノフカ」

クリミア産の酒で占められていた。黒海に面したクリミア半島は古くから葡萄の産地として知られ、ソ連時代もワインづくりが盛んだった。

クリミア半島と言えば、２０１４年のウクライナ政変に乗じてロシアが武力占領し、同年3月に併合してしまったウクライナ領である。九州の7割ほどの面積もある領土を力ずくで併合してしまうという、時代錯誤とも言えるロシアの行動には国際的な非難が集まり、現在まで続く対露制裁や軍事的緊張の原因となった。

もちろん、ロシアはクリミア半島を返還する意思を見せておらず、クリミア半島でのインフラ整備や軍事力強化を着々と進めている。筆者が北方領土を訪問する少し前の２０１８年5月にはロシア本土とクリミア半島をつなぐクリミア橋（ケルチ海峡大橋）が開通し、開通式ではプーチン大統領自らがハンドルを握る国産トラックが橋を渡った。

片や欧州の半島、片や極東の島。歴史的経緯もロケーションも全く異なるが、どちらもロシアと外界との境界上にあって、ロシアが実効支配する場所という点では共通している。その二つの地域が、国後島の小さな酒屋の棚で交錯しているような感慨をふと覚えた。

「フラスコ」と「浸透膜」

本書のテーマを一言で述べるならば、ロシアの「境界」をめぐる物語、ということになろう。教科書的な理解によれば、国家は国境線という境界で隔てられる領域を有し、その内部において主権を行使するということになっている。これに国民を加えたのが、いわゆる国家の三要件と呼ばれるものだ。

もちろん、これは一種の理念型であるから、常に現実に当てはまるわけではない。実際、国境線をどこに引くかをめぐって国家間が対立し、国家の境界がはっきり定まらないという事態は決して珍しくない。ここまで述べてきた日露の北方領土問題はその一つだが、世界を見渡せば、国境問題の例は他にも枚挙にいとまがないほどである。その中には、ナゴルノ・カラバフ地方の領有をめぐるアルメニアとアゼルバイジャンの紛争のように深刻な軍事的対立の火種となっているものもあれば、カシミール地方をめぐるインド、パキスタン、中国の紛争のように三つ巴の様相を呈するものもある。概して平和的な関係にある米国とカナダでさえ、いくつかの地点では国境紛争を抱えている。

ただし、ロシア周辺における国境問題には、ある種の特殊性が認められる。つまり、国家の境界というものがひとつながりの閉じた線としてではなく、より曖昧なグラデーション状にイメージされているのではないかと疑わざるを得ないような事例がしばしば見られるのである。

ここではこんな喩《たと》えを用いてみたい。

古典的な国家観においては、境界とはフラスコのようなものとイメージすることができよう。硬いガラスの殻があり、その内部には「主権」という溶液が詰まっているが、これを他の液体につけたとしても、内部と外部が混じり合うことはない。

しかし、ロシアの国家観においてイメージされる境界とは、浸透膜のようなものだ。内部の液体（主権）は一定の凝集性を持つが、目に見えない微細な穴から外に向かって染み出していく。仮に浸透膜内部の「主権」が着色されていれば、染み出していくそれは浸透膜に近いところほど色濃く、遠くなるほどに薄いというグラデーションを描くことになるだろう。一方、浸透膜は外部の液体を内部に通す働きもする。もしも外部の液体の方が浸透圧が高い場合、膜の内部には他国の「主権」がグラデーションを描きながら染み込んでくる。

先に挙げた様々な事例と比較すると、このような境界観は明らかに特異なものと言えよう。多くの国境紛争当事国が「閉じた境界線とその内部で適用される主権」という前提を共有した上で境界線をどこに引くかを問題にしているのに対し、ロシアの関与する紛争においては、境界線の性質に関する理解そのものが異なっているためである。ここで問題にされているのは、法的な国境線をどこに引くかというよりも、ロシアの主権は国境を越えてどこまで及ぶのか（あるいは及ぶべきではないのか）なのであって、一般的な国境紛争とは位相が大きく異なる。前述したウクライナ危機は、その典型例と言えるだろう（ウクライナ危機については第4章で触れる）。

国家の構成要件である国民についても、ロシアの理解には特殊性が見られる。ロシアの言説においては、「国民」という言葉が法的な意味のそれ（つまりロシア国籍を有する人）ではなく、民族的なロシア人（あるいは「スラヴの兄弟」として近しい関係にあるウクライナ人やベラルーシ人）と読み替えられ、政治的・軍事的介入の根拠とされることが少なくない。

そして、このような「国民」の読み替えが上記の「浸透膜のような境界とグラデーション状の主権」という理解と結びつくことで、「ロシア人の住む場所にはロシアの主権が（完全ではないにせよ）及ぶ」という秩序観が成立する。しばしば帝国のそれになぞらえられる、特殊な秩序観である。

では、こうした秩序観は、どのような思想的背景の下に生まれてきたものであり、ロシアをめぐる国際関係にどのような影響を及ぼしているのだろうか。あるいは、約6万キロメートルに及ぶロシアの国境線は、一様に「浸透膜」として振る舞うのだろうか。それとも地域的な差異が認められるのだろうか。そして我が国が抱えるロシアとの北方領土問題は、このような構図の中でいかに理解されるべきなのだろうか。

本書は、「境界」の概念を軸として、こうした問いに答えていこうという試みである。

「帝国」ロシアの地政学
――「勢力圏」で読むユーラシア戦略

目次

はじめに――交錯するロシアの東西　1
・近くて遠い島
・クリミアから来た酒
・「フラスコ」と「浸透膜」

第1章「ロシア」とはどこまでか
――ソ連崩壊後のロシアをめぐる地政学　27

1．冷戦後のロシアにおける「地政学」の文脈　29
・「地政学」の氾濫
・巨大国家ロシアの様々な横顔
・アイデンティティと地政学の癒着

2．ワイマール・ロシア　42
・「西欧志向」の挫折
・「帝国志向」の夢想
・「大国志向」へ

第2章　「主権」と「勢力圏」
――ロシアの秩序観　51

1．主権――ロシア的用語法　53
・復活した「ロシアの脅威」
・「内部」としての旧ソ連諸国
・ゼロサム的主権観
・ジャングルの掟

2．「勢力圏」の論理　67
・帝国的秩序とウェストファリア的秩序の狭間
・積極的勢力圏と消極的勢力圏
・カラー革命論

3．勢力圏の今後　78
・介入が招く勢力圏の自壊
・ロシアの大戦略？

第3章　「占領」の風景
――グルジアとバルト三国　83

1．グルジア――抱え込んだ二つの紛争　85
・「私の国の20％はロシアに占領されています」
・「勢力圏」防衛戦争としてのグルジア戦争
・もう一つの「占領」

2．ロシアに対峙するバルト三国　103
・3回占領された国
・「歴史」と「現在」の交錯――国境問題とタリン事件
・国籍のない人々と情報空間をめぐる戦い
・対峙する「独立」と「併合」

第4章　ロシアの「勢力圏」とウクライナ危機　129

1.「ほとんど我々」としてのウクライナ　131
・ブレジンスキーの予言
・クジラが猫に？
2.「勢力圏」からの脱出を目指して　137
・独立から「オレンジ革命」へ
・プーチンの「ユーラシア連合」構想とEUの「近隣諸国政策」
3.直接介入へ　146
・ヤヌコーヴィチの逃亡
・繰り返された「併合」のパターン――クリミア
・「戦争のための戦争」――ドンバス
4.強くはないが弱くもないロシアの軍事力　165

第5章 砂漠の赤い星
——中東におけるロシアの復活 173

1. シリア介入の衝撃 175
・逆転したシリア紛争の構図
・ロシアの抱える限界
・ロシア式パワープロジェクション
2. ロシアはなぜシリアに介入したか 188
・陸上帝国としてのロシア
・「戦略を持たない」という戦略
・中東域内大国との容易ならざる関係

第6章 北方領土をめぐる日米中露の四角形

1．北方領土と「主権」 201
・プーチン大統領の爆弾発言
・強気のロシア
・「半主権国家」としての日本
2．北方領土の軍事的価値 213
・ロシアの軍事戦略から見た北方領土
・軍事の論理と政治の論理
3．ロシアとどう向き合うか 220
・時間を味方につけるロシア
・嚙み合わない日露の視線
4．「中国ファクター」の虚と実 224
・「中露対立」への期待
・「象の隣で眠る」街――ハバロフスク
・味方ではないが敵でもない
・蜜月はいつまで続くか

第7章　新たな地政的正面　北極　239
1．北極の地政学　241
・北極の戦略的意義――近代～20世紀
・21世紀における北極像
2．ロシアにとっての北極　249
・「戦略的資源基盤」
・脅威の集中する地域
・核抑止力の基盤
・「大国」のステータス
3．「要塞」か、開かれたアリーナか　258
おわりに――巨人の見る夢　261
あとがき　266
出典注一覧　284
写真出典・図版製作　285
索引　291

北　極　海
ロシア連邦
オホーツク海
ハバロフスク
ルクーツク
バイカル湖
北方領土
中　国
ウラジオストク
モンゴル
日本
ロシア連邦
旧ソ連の国々

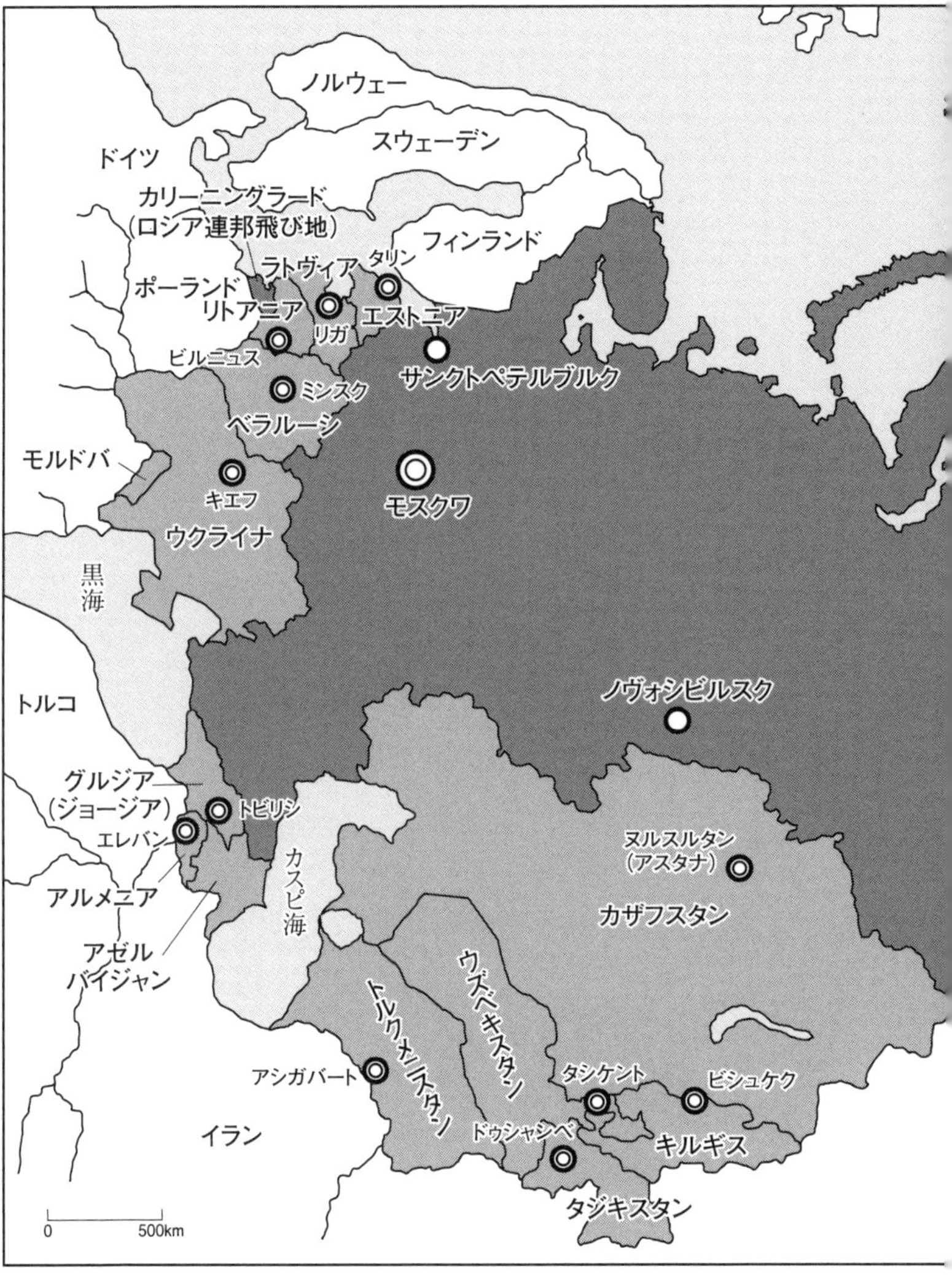

図1　ロシアと周辺の国々

（※）本書中に引用されているロシア語原文の演説や書籍からの引用文について、特に明記のないものは、すべて著者の翻訳による。

（※）日本国外務省は、平成27年4月22日以降「ジョージア」の国名呼称を、「グルジア」から「ジョージア」へ変更しているが、本書では著者の意向により「グルジア」と表記する。

第1章

「ロシア」とはどこまでか

――ソ連崩壊後のロシアをめぐる地政学

それにしても、ロシアとはいったい何であるのか。今日のロシアとは。そして明日のロシアとは（こちらのほうがもっと重要だが）。今は、誰が自分は将来のロシアの一員になるだろうと考えているのだろうか。さらに、ロシア人自身はロシアの国境をどの辺にみているのだろうか。[1]

——アレクサンドル・ソルジェニーツィン『甦れ、ロシアよ　私なりの改革への提言』より

1. 冷戦後のロシアにおける「地政学」の文脈

「地政学」の氾濫

ロシアの境界をめぐる物語を始めるにあたり、まずは地政学という観点から冷戦後のロシアを見ていくことにしたい。

ロシア人は、この地政学という言葉が大好きで、ロシア人との会話やロシア語の文章にはやたらに「ゲオポリティカ（геополитика＝地政学）」が登場する。ただし、後述する古典的な意味での地政学、すなわち政治と地理の関係に着目するという考え方がそこに反映されていることは稀で、単に国際安全保障上の諸問題、という程度の使われ方である場合が多いようだ。この意味では、金融業界でよく用いられる「地政学リスク」に似た趣《おもむき》がある。

ロシア語に「地政学」が溢れるようになったのは、ソ連崩壊後のことであった。ソ連では地政学がナチスのイデオロギーであるとされ、極めて否定的な扱いを受けていたためで、現代のロシア人がこれほどまでに「地政学」という言葉を愛用するのは、どうも当時の反動なのではないかとさえ思われる。

だが、地政学を抑圧したソ連時代においても、地政学がやたらに持ち上げられる現代ロシアにおいても、本質的な状況はあまり変化していないのではないかというのが筆者の考えである。というのも、地政学という言葉を用いるかどうかは別として、「地政学的なるもの」はソ連やロシアの世界観に深く根付いているように見えるためだ。

では、ロシア的文脈における「地政学的なるもの」とは何か。これについては次節で述べるとして、まずは一般的な意味における地政学について簡単に概観しておきたい。

この数年、日本では一種の地政学ブームが起きており、書店へ行けば地政学と銘打った本が平積みになっているのを目にする。地政学と言ってもいくつかの流派があり、それぞれの意味するところはかなり食い違う場合も多いのだが、昨今人気を博しているのは主に英米流のそれであるようだ。英国のマッキンダーが提唱し、のちに米国のスパイクマンが完成させた英米流地政学においては、大陸勢力（ランドパワー）がユーラシア大陸の枢要部分（ハートランド）を支配することに強い警戒感を示す。ユーラシア大陸の生産力や交通の要衝であるハートランドを握る勢力はやがてユーラシア大陸を統一し、英国や米国といった海洋勢力（シーパワー）の覇権を脅かしかねないためである。この意味では、ドイツとの二度にわたる世界大戦やソ連との冷戦は、ハートランドの覇権をめぐる闘争であったと位置付けられることになり、実際、英米流地政学は科学というよりもユーラシアに対する戦略論という性格を色濃く有していた。ランドパワーである中国の拡張に直面する日本で英米流地政学が人気を集めるのは、そう不思議なことではないだろう。

他方、ドイツのラッツェルやハウスホーファー、あるいはスウェーデンのチェレーンといった思想家によって19世紀から20世紀前半に体系化された大陸系地政学は、国家を一種の生命体に見立てた。そして、生命体たる国家は「成長」の過程で人種・言語・文化などを同じくするエスニック集団を吸収し、さらにこの集団が自活するに足るだけの「生存圏（レーベンスラウム）」を支配下に置く「権利」を有するとされる。

こうした思想が生まれてきた背景には、ドイツ民族が統一国家を持たず、いくつもの国家に分割されていたという事情が存在する。のちにナチス・ドイツが東欧諸国を侵略するに際して根拠としたのはこのような「生存圏」の論理であり、それゆえにソ連では地政学がナチスのイデオロギーとされたのである。

巨大国家ロシアの様々な横顔

しかし、「地政学」と銘打つかどうかは別として、ロシアの思想においても地政学的な要素が見られることはすでに述べたとおりである。そして、ここでいうロシア流地政学は明らかに大陸地政学の影響を受けたものであり、特にソ連崩壊後のロシアではそれが顕著になった。この点を理解するため、もう少しだけ遠回りをしよう。

　ロシアと言えば正教を信仰する白人の国家というイメージが先に立つが、これはロシアという巨大国家の一側面に過ぎない。たとえば本書執筆時点で最新の２０１０年度国勢調査[2]によると、ロシア連邦には１９４もの民族が存在するとされており、このうちロシア人としての自認を有する者は全体の78％弱（当時の総人口である約1億４２８６万人中の約1億１１００万人）。これに次ぐのがタタール人（約５３１万人／３・７％）、ウクライナ人（約１９３万人／１・４％）、バシキール人（約１５８万人／１・１％）、チュバシ人（約１４４万人／１％）などとなっており、実に幅広い民族から構成される国であることがわかる。ロシアの国土が欧州部から極東アジアにまで跨《またが》る以上、当然の帰結ではあるが、比較的均質な日本の社会からすると目の眩《くら》むような多様性である。

　そのことは、ロシアのルイノック（市場）を歩いてみればすぐに理解できる。ロシアという国の多様さを反映して、そこで売られているものもまた実に様々だ。ある日、市場で一つの露店に目が留まった。そこに並ぶプラスチックの容器に並んでいるのは、日本の焼肉屋でもよく目にするゼンマイのナムルそのものだったのである。店を広げている老女の顔つきも日本人によく似たアジア系であった。聞いてみると朝鮮族であるという。

　先の２０１０年度国勢調査によれば、ロシアに住む朝鮮族は約15万人。元々はロシア極東部の北朝鮮や満州との国境に暮らしていたが、スターリン時代の強制移住によってソ連各地に広がり、ソ連崩壊後には商売のために都市部へ移住してきたという人々も多い。商業的に成功する人々も少なからずおり、モスクワ大学にほど近いコスィギン通りのホテル「コールストン」は本格的な焼肉屋や朝鮮食材店を備えることから、日本や韓国の駐在員に人気のスポットである。少し話が逸《そ》れるが、ロシア各地には北朝鮮政府が外貨稼ぎのために運営しているレストランもあり、モスクワだけでも2店舗が存在している。このうちレーニン大通り駅からすぐの場所にある「高麗《コリヨ》」は故・金正日総書記も訪れて食事をとったことで知られており、筆者もアジアの味に飢えるとよく通った。

ロシアの民話にも目を向けてみよう。ロシア民話と言えば文豪トルストイによる再話「おおきなかぶ」が有名だが、これはロシア欧州部で語り継がれてきた物語である。一方、2005年からインターネット上で公開が始まった民話アニメ・シリーズ「宝石の山々」では、ロシアの各地に暮らす諸民族の民話が数多く紹介され、人気を博している（2014年からはYouTubeチャンネルも開設）。この中には「おおきなかぶ」のようにロシアの昔話も含まれるが、そのほかにも朝鮮族やヤクート人などアジア系諸民族の民話、チェチェンをはじめとする北カフカス地方の民話などが各13分の美しいアニメーションに仕立てられ、眺めているだけでもロシアという国の多様さを思い知らされる。

当然、宗教も多様である。数の上では正教徒が多いのはたしかだが、その他のキリスト教諸派、ユダヤ教、イスラム教諸派といったいわゆる「聖典の民」は一通り揃っており、さらには仏教徒さえ70万人ほど存在する。実際、モスクワの街中を歩けばタマネギのような丸屋根をいただいたロシア正教会の聖堂に混じって、ユダヤ教のシナゴーグにイスラム教のモスクなど、様々な信仰が混在していることに気付くだろう。特に日本大使館からほど近い場所に最近建設されたモスクはロシア最大級の規模を誇り、ラマダンの季節ともなれば付近の平和大通りを封鎖して無数のムスリムが祈りを捧げる様子を目にすることができる。

筆者の専門である軍事という観点からは、ある建物を紹介したい。シベリア南部のトゥヴァ共和国はショイグ国防相の出身地として知られるが（ショイグ自身もトゥヴァ人の父とロシア人の母親を持つ）、その首都であるクズルで2016年に完成した国防省庁舎は、全体としてロシアでよく見る公共建築の様式を踏襲しつつ、屋上にはアジア風の赤い瓦屋根を載せている。その隣に建設された大統領付属カデット（軍隊式の教育を行う学校）の校舎も同様の様式だ。ロシアという国家がその内部に「非ロシア的なもの」を内包していることを示す風景と言えよう。

アイデンティティと地政学の癒着

トゥヴァ共和国首都クズルの国防庁舎

冷戦後のロシアが抱え込んだ大問題は、この多様な民族・文化・宗教がなぜロシアという一つの国家の下にあるのかを説明する原理がなかなか見出せなかったことにある。

ロシアを代表する国際政治学者の一人、ドミトリー・トレーニンがその主著『ポスト帝国』で述べたように、ソ連から独立した新生ロシア連邦は、自らを国民国家と位置付けるわけにはいかなかった。[3] すでに見たように、ロシアはロシア人を中心としつつも、非常に多くの非ロシア的要素を内包する国であるためだ。

では、これらのロシア的・非ロシア的要素を統合する原理とは何なのか。かつてのソ連であれば、そこには一応の理屈が存在していた。手っ取り早い例として、ここではソ連国歌の歌詞第1番を引いてみよう。[4]

自由な共和国の揺ぎ無い同盟を
偉大なルーシは永遠に結びつけた

人民の意思によって建設された
団結した強力なソヴィエト同盟万歳！
讃えられて在れ、自由な我々の祖国よ
民族友好の頼もしい砦よ！
ソヴィエトの旗よ、人民の旗よ
勝利から勝利へと導きたまえ！

ソ連とは、共産主義という理想に向かって、ルーシ民族を中心に諸民族が団結した同盟なのだ、ということである。実際、ソ連の正式名称である「ソヴィエト社会主義共和国連邦（Союз Советских Социалистических Республик）」の Союз（ソユーズ）は通常、「同盟」「連合」「組合」などを意味する言葉であり、普通は「連邦」とは訳さない。以上で述べた本来の字義に従えば、ソ連とは「連邦」ではなく、独立した社会主義共和国が結成した「同盟」であるということになる。ソ連はこの建前を最後まで守っており、ソ連を構成する15の社会主義共和国は独自の「憲法」や「省庁」を持っていた。形ばかりとはいえ、各共和国の「外務省」さえ存在していたのである（実際にはモスクワの本省の出先機関だった）。

第2章で述べるように、それは平等な関係に基づく同盟というよりはモスクワによる諸民族の支配であるというのが実態に近かったが、たとえお題目に過ぎないとしても、ソ連という国家の存在理由を問われれば、すぐに取って出せるわかりやすい理念が一応はあった（他方、「同盟」である以上は理論上は解消が可能であり、実際にソ連憲法第72条にはソ連からの脱退の権利が明記されていた。これもまたお題目に過ぎなかったが、１９８０年代にソ連体制が動揺すると、この条項は独立運動の有力な根拠となった）。

一方、ソ連崩壊後のロシアにこのような理念を見出すのは困難である。ソ連崩壊の結果、かつてのロシア社会主義共和国連邦が独立したのがロシア連邦であって、その成立はいわばなし崩し的なものであった。また、１９９３年に成立した現行のロシア連邦憲法は、ロシアがいかなる国家イデオロギーをも持たず、義務化もしないことをその第13条において謳っている。当時のロシアにとっての最優先課題は共産主義体制との決別であって、国家としてのアイデンティティを打ち出すまでには至っていなかった。

再び国歌を例にとろう。新生ロシアでは新しい国歌をなかなか制定することができず、１９９０年代にはロシア帝国時代の作曲家グリンカによる未完成曲を編曲した「愛国歌」が歌詞なしのまま演奏されていた。建国の理念が曖昧な以上、国歌において歌い上げられるべき内容をロシア国民全体が納得する形で定めることができなかったのである。

この問題はプーチン政権下の２０００年、ソ連国歌のメロディーに新しい歌詞をつけるということで一応の解決を見た。以下にその歌詞を引用する。

ロシア、聖なる我らの国よ
ロシア、愛しき我らの国よ
力強き意思、大いなる光栄
汝が持てる物は世々にあり！
讃えられて在れ、自由なる我らが祖国よ
幾世の兄弟なる民族の結束よ
祖先より授かった民族の英知よ！
国よ讃えられて在れ！　我等汝を誇らん！

このように、現在のロシア国歌ではロシアを「愛しき我らの国」とするばかりで、国民団結の理念はやはり示されていない。「幾世の兄弟なる民族の結束」がそれに当たると言えなくもないが、近代になってからロシアに併合された北カフカスの人民と、ルーシ民族の興りから歴史を共にしてきたウクライナ人が共にロシアの下に集う原理を説明できているかと言えば、極めて心もとないところであろう。実際、ソ連が崩壊すると北カフカスのチェチェン人がロシア政府に反旗を翻し、独立闘争に打って出たことは記憶に新しい。要は、非ロシア系諸民族がロシア国歌にどれだけ耳を傾けても、なぜ自分たちがロシア国民なのかを理解できなかったのである。

この意味で、現在のロシアにとって第二次世界大戦の記憶は貴重なアイデンティティのよすがとなっている。それは単にソ連という国家の勝利だったのではなく、ナチズムという悪に対する勝利だったのであり、ソ連はここで全人類的な貢献を果たしたのだという自負は現在も極めて強い。現在のロシアに暮らす諸民族に対しても、「共にナチスと戦った仲」だという意識は（ナショナル・アイデンティティとまでは言えないにせよ）一定の同胞意識を育む効果を果たしている。ロシアの社会が日本では考えられないほど軍隊好きなのも、単に国民性というだけでは片付けられない部分があろう。

ドイツの降伏を記念して毎年5月9日に行われる戦勝記念パレードは、そのことをまざまざと実感させてくれるイベントだ。赤の広場で行われるパレード本番は一般人お断りだが（各社が中継するのでテレビやインターネットでは閲覧できる）、パレードを終えた部隊が集結地点へと戻っていく沿道には多くの観衆が詰めかける。多くの観衆はオレンジと黒のリボンを結んでいるが、これは従軍経験者を讃える「ゲオルギーのリボン」。元々は勲章を下げるのに使われたものだが、プーチン政権下で勝利のシンボルとして大々的に配布されるようになり、春になる

5月9日の戦勝記念パレードで行進するRS-24ヤルス移動式ICBM。沿道には多くの観衆が詰めかける（2015年撮影）

と一般人や商店の店員、公共機関の職員など、至るところでこのリボンを付けた人を見かけるようになった。

クレムリンを出たパレード部隊は、新アルバート通りの国防省庁舎前を通り、当面の集結地点である郊外のホディンカ練兵場へと戻っていく。パレードの規模は毎年若干異なるが、戦車、自走榴弾砲、各種装甲車、ミサイル類が優に100両は参加するので、全部が通過するのに1時間は掛かる。5月のモスクワの真っ青な空の下を巨大な榴弾砲や移動式ICBMが唸《うな》りを上げて通り過ぎ、鳴り渡る教会の鐘がそれらを祝福する光景は、外国人である（しかも敗戦国の側である）筆者にもなぜか愛国心のようなものを抱かせる奇妙な力があった。ロシアのあやふやなアイデンティティは、巨大な破壊力を持ったこれら鋼鉄の群によってどうにか形を与えられていると見ることもできよう。

他方、アイデンティティが外敵に対する勝利の記憶に依存している以上、ロシアという国家の統治形態や社会自体が常に「敵」との関係において規定されるということにもなりかねない。１９９０年代にウクライナ国防安全保障会議書記を務めたホルブーリンは、プーチン政権がロシアを「包囲された要塞」として描くことによって国民を動員しようとしているのだと非難する。[5]

また、ソ連崩壊後のロシアは、新たに画定された国境の外部にも問題を抱えていた。プーチン大統領はかつて、ソ連崩壊を「20世紀最大の地政学的悲劇」であると述べたことで知られるが、[6]その後に続く言葉が注目されることは少ない。すなわち、「数千万人の我が国民と同胞が、ロシアの領域外に居ることになってしまった」という一言である。これはソ連崩壊によって２６００万人とも言われるロシア系住民がロシア連邦の国境外に取り残され、ロシア民族が分断されてしまったことを示している。ロシア人が「ほとんど我々（почти наши）」と呼ぶベラルーシ人やウクライナ人を含めれば、分断の規模はさらに巨大なものとなる。プーチン大統領の言う「地政学的悲劇」が、単に超大国としての地位を失ったことを嘆くだけのものではないことは明らかであろう。

以上のように、ソ連崩壊によって「ロシア的なるもの」は国境で分断され、新たに出現したロシアの国境内には「非ロシア的なもの」が抱え込まれることになった。つまり、民族の分布と国境線が一致しなくなったわけで、こうなると「ロシア」とは一体どこまでを指すのか（国際的に承認された国境とは別に）という問題が生じてくる。これは地政学（「ロシア」の範囲）をめぐる問題であると同時に、アイデンティティ（「ロシア」とは何なのか）の問題でもあった。

ここにおいて、冷戦後のロシアでは、地政学とアイデンティティがほとんど判別不能な形で癒着することになったのである。

2. ワイマール・ロシア

「西欧志向」の挫折

では、アイデンティティと癒着した地政学とは具体的にどのようなものだろうか。米国のカーター政権で安全保障担当大統領補佐官を務めたズビグネフ・ブレジンスキーは、この点について次のように述べている。[7]

「(前略) ロシアでは (中略) 主要国のほとんどでは提起されることすらない疑問をめぐる議論が、公の場でも私的な場でも沸騰している。ロシアとはなにか、ロシアとはどの範囲をさすのか、ロシア人とはなにを意味するのかが議論されているのである。

この問いは、議論のためのものというにはとどまらない。この問いにどう答えるかで、地政上の政策が変わってくるのだ。ロシアはロシア民族だけからなる民族国家になるべきなのか、それとも、イギリスがイングランドだけではないように、ロシアもロシア民族以外も含めた帝国国家になるべきなのか。ウクライナの独立は一時的な逸脱だとみるべきなのか (そう感じているロシア人が多い)。ロシア人であるためには、ロシア民族 (「ルスキイ」) でなければならないのか、それとも、民族の上ではロシア人でなくても、政治的にロシア人であることができるのか (後略)」

つまり、「ロシア」の範囲を「ロシア的なるもの」の広がりに重ね合わせるのか、「非ロシア的なもの」をも含むのかによって、ロシアの国家像は大きく異なったものとならざるを得ない。また、前述のように「ロシア的なるもの」は新たに生じた国境にまたがって存在しているのだから、国境内の「ロシア的なるもの」だけを「ロシア」の範囲と考えるのか、国境など無視して「ロシア的なるもの」はすべて「ロシア」なのだと考えるのかという点でも、描かれる国家像はまた違ってくるだろう。

さらに、これはロシア一国の問題に留まらず、周辺諸国との関係にも直接影響してくる問題である。「ロシア」の範囲自体に議論が存在するということは、周辺諸国との境界をどこに引くのか、あるいは「周辺諸国」なるものが独立した主体として存在するのか否かなどが必然的に議題とされなければならなくなるためだ。

ヴァージニア工科大学教授としてロシアと旧ソ連諸国の関係を研究してきたトールは、このようなアイデンティティと地政学の癒着によって生じた国家像を、西欧志向、帝国志向、大国志向の三つに大きく類型化して分類した[8]。

第一の西欧志向は、初期のエリツィン政権期においてコズィレフ外相らが推進した西側協調路線に顕著である。ここでは、米国を中心とする西側諸国の価値や制度への統合を志向しつつ、ソ連崩壊によって生じた新たな国境を尊重し、旧ソ連諸国を独立した主権国家として扱う傾向が認められる。つまり、近代国民国家システムの基礎となったウェストファリア的秩序が旧ソ連内外の別なく適用されることになる。

だが、西欧志向の対外政策は短期間で放棄された。ソ連崩壊の前後、ロシアはワルシャワ条約機構の解体、在欧ロシア軍の撤退などによって西側との軍事的対決姿勢を放棄したが、対ソ同盟であったＮＡＴＯはソ連崩壊後も解体されるどころか東欧社会主義国を飲み込み、旧ユーゴスラヴィアではロシアの意見に耳を傾けることなく介入が行われた。この結果、西欧への統合を志向する限り、ロシアはその後を追う格下のパートナーとしかみなされない、という不満がロシアには鬱積していったのである。

一つの画期とみなされるのは、西欧志向派の代表格とみなされていたコズィレフ外相が1992年12月に行った「転向」演説であろう。ここでコズィレフは次のように述べている。

「ロシアは外交政策の概念を修正せねばなりません……依然としてヨーロッパへの仲間入りをすることには重点を置いています。しかし、我々の伝統というものがかなりの程度（主にというわけではないにせよ）アジアに基礎を置いており、これがためにヨーロッパとの和解には限度があるということに、我々は今やはっきりと気付いているのです……旧ソ連空間（中略）はポスト帝国の空間なのであって、この中でロシアは、軍事力や経済力まで含むあらゆる可能な手段を用いて自らの利益を守らねばならなくなるでしょう」

コズィレフの演説は、旧ソ連諸国との地政学的な関わりがロシアのアイデンティティをめぐる問題そのものであること、しかもそれが単純な西欧志向では割り切れないものであったことを明瞭に示していた。また、ロシア軍事の研究家として知られる英エディンバラ大学教授のエリクソンは、1993年に概要版だけが公表されたロシア初の「軍事ドクトリン」が、極めて不完全ながら地政学的アプローチに基づくものであったことをロシアの軍事思想に関する研究から明らかにしており[9]、1990年代初頭には早くも西欧志向のアプローチが求心力を失っていたことが窺われよう。

他方、前述のブレジンスキーに言わせれば、西欧派はその見通しの甘さゆえに最初から挫折する運命を背負っていた。当時の荒廃したロシアが米国と対等のパートナーになれる筈は最初からなかった上に、彼らは、自分たちがかつての東欧衛星諸国からどれほど恨まれているかを理解できていなかったからだ（この点はポーランドにルーツを持つブレジンスキーらしい視点と言える）。それゆえに、「全体としてみるなら、ロシアの失望も、西欧派の後退も、おそらくは避けられなかっただろう」とブレジンスキーは結論付けている。

「帝国志向」の夢想

一方、トールのいう帝国志向の国家観は、ジリノフスキー（現自由民主党党首）、ロゴージン（現国営宇宙公社総裁、元副首相）、ルシコフ（元モスクワ市長）といった民族主義的政治家や、哲学者のドゥーギン、作家のソルジェニーツィンなどの知識人が唱えたものであり[10]、ソ連崩壊の結果に対して極めて否定的な姿勢を示すのが特徴である（ソルジェニーツィンの思想については第4章で改めて触れる）。要は、旧ソ連空間がロシアのものでなくなったことが大変気に入らないのだ。また、こうした帝国志向の国家観においては、旧ソ連の新興独立国に取り残されたロシア系住民やロシア語話者、さらにはウクライナ人やベラルーシ人といったスラヴ系諸民族は「ロシアの民」とひと括りにされ、ロシアの主権はこうしたエスニック集団の広がりに合わせて適用されるべきであるとされる。ロシア国際法思想の専門家であるメルクソーによれば、国際的に承認された国境ではなくエスニック集団を根拠として旧ソ連諸国に対する「歴史的主権」を主張する考え方は、ロシアの国際法理解にも一部見られる。[11]

ここに、第1節で紹介した大陸地政学との類似性を見出すことはさほど難しいことではあるまい。コンサルタント企業「ユーラシア・グループ」部長で地政学に関する著作も多いカプランが端的に要約しているように、「地政学は人間の分断が地理に及ぼす影響のこと」なのであり、[12]国境とエスニック集団の不一致が地政学的思想に結びつくという現象はさほど珍しいものではない。トールが、国境とエスニック集団の分布が一致しなくなったロシアを、第一次世界大戦後のドイツになぞらえて「ワイマール・ロシア」と呼んだのは、このような類似性に着目したものである。[13]

歴史的に見ても、ロシアは常に大陸地政学の影響を受けてきた。欧州とアジアにまたがる巨大な国土や、厳しい自然環境などロシア固有の地理的環境、あるいはロシアが救世主となって周辺の諸民族に調和をもたらすのだというメシア主義など、ロシアの地政学思想には独特の点もあるが、国境線ではなくエスニックな集団を国家の範囲とみなし、それが集団の活力に合わせて伸縮するといった考え方をとる点では、ロシアの地政学思想は大陸地政学のそれと極めて似通っている。冷戦後、ロシアという国家のあり方に関して様々な議論が浮上する中で、帝国志向の代表的な思想家となったアレクサンドル・ドゥーギンが、大陸地政学やロシア地政学の研究家として出発したことは偶然ではないだろう。

この意味において、帝国志向とは、ソ連崩壊後に生じた「地政学的悲劇」の処方箋を大陸地政学に求めたものと結論付けられるかもしれない。

実際、旧ソ連諸国を訪れてみると、ロシア人がそこに「帝国」を見出すことは理解できないではない。空港を出て街中に入ると、たしかに人々の顔つきはやや変わり、看板や標識の言語もその国のものとなる。だが、ホテルやレストランではロシア語が通じるし、街並みにもソ連時代の面影が色濃く残るところが多い。そこがロシアでないことは間違いないのだが、ロシアではないのかと言われるとやや不安を覚えるような、奇妙な感覚だ。保守派や愛国主義者であれば、そこがロシアと全く関係のない国になったのだと言い切ることは余計に面白くないだろう。民族・文化・言語・宗教などがより似通ったウクライナやベラルーシであればなおさらである（この点については第4章で改めて述べる）。

ただし、トールとメルクソーも断っているように、ロシアの対外政策や国際法理解においてもここまで極端な考え方が公式に主流となったわけではない。以上で述べたのはあくまでもセンチメントの問題であって、いかにロシアの面影があるからと言っても、旧ソ連諸国が法的にはれっきとした外国となっていることはもはや否定のしようがない事実である。ドゥーギンがプーチン大統領のブレーンであるかのように言われることもあるが、これはプーチン大統領の対外政策にドゥーギン的な帝国志向との共通性が見られることによる一種の神話であると考えたほうがよい。

また、実際の能力から考えても、ソ連崩壊後のロシアが旧ソ連諸国をコントロール下に置くことは不可能であった。国力が衰え、共産主義の総本山としてのイデオロギー的求心力も失ったロシアには、「帝国」として振る舞いうる余地は残されていなかったのである。そもそも大陸地政学が発達したのは勃興期のドイツにおいてであり、衰退の只中にあった1990年代のロシアにとっては現実的な処方箋であったとは言えない。

「大国志向」へ

最後の大国志向は、帝国志向のやや現実的な変種と呼ぶべきものである。

大国志向的国家観においては、ロシアが旧ソ連諸国を帝国的秩序の下に直接統治することまでは想定しない。その一方で、旧ソ連圏で生起する事象に関してロシアが強い影響力を発揮できる地位を持つべきであるという点では、大国志向は帝国志向との共通性を有する。したがって、旧ソ連諸国はロシアにとっての勢力圏（この概念については後述する）であり、NATOのような外部勢力が旧ソ連諸国に拡大してくることも阻止されなければならない、ということになる。トールの整理によれば、このような考え方に基づく大国主義者（державники）の筆頭がプーチン大統領であり、それゆえに現在のロシアにおける対外政策の基調となっているという。

だが、帝国のように直接統治を目指さないのだとすれば、大国志向において想定されるロシアの勢力圏とはいかなるものであるのか。次章では、この点について考えてみたい。

第2章

「主権」と「勢力圏」

——ロシアの秩序観

ロシアの国境には終わりがないんだよ[14]

——ロシア地理学協会のイベントでプーチン大統領が子供の参加者に語った言葉

1．主権――ロシア的用語法

復活した「ロシアの脅威」

第1章で紹介したトレーニンは、冷戦後のNATOについて次のように述べている。すなわち、「ベルリンより西側（冷戦期以来の加盟国）」では主要な関心事項がアフガニスタン（をはじめとする域外紛争）に移ったが、「ベルリンの東側（新規加盟国）」は依然としてロシアの動向を気にかけており、同盟内部における脅威認識の分裂が生じていたというものである。[15]

だが、2017年12月の米「国家安全保障戦略[16]」（NSS）が、「米国のパワー、影響力および利益に挑戦」する国として中露を位置付けたことに代表されるように、ロシアが既存の秩序に対する現状変更勢力であるという見方は昨今、ある程度のコンセンサスを得つつあるようだ。その引き金となったのが、「はじめに」でも触れたロシアのウクライナ介入であったことは論を俟たないだろう。この介入において、ロシアはウクライナ領クリミア半島を強制的に併合したばかりか、ウクライナ南東部のドンバス地方にも民兵を侵入させ、依然として戦闘が続いている（ウクライナ紛争については第4章を参照）。これに続くシリアへの軍事介入（第5章）

や、２０１６年の米国大統領選をはじめとする西側諸国の選挙に対する介入も、西側諸国によるロシアへの懸念をさらに増幅させた。

２０１９年３月に公表されたＮＡＴＯ事務総長の２０１８年度年次報告書[17]が、「ウクライナにおけるロシアの攻撃的な振る舞い、不安定化をもたらす軍事行動、欧州大西洋全域の国民に対するハイブリッド手段の活用は、国際的な安全保障環境を著しく変化させた。安定性と安全保障を減少させ、予見不可能性を増加させたのである」と述べていることは、こうしたロシアに対する認識の復活を端的に示すものと言えるだろう。

「内部」としての旧ソ連諸国

しかし、ロシアは闇雲に介入を行っているわけではない。図２はソ連崩壊後にロシアが軍事プレゼンスを展開させている地域や軍事介入を行った地域を地図上にプロットしたものだが、シリアと北方領土を除けば、ロシアの介入が旧ソ連諸国に集中していることが見て取れよう。外部の我々が賛同できるかどうかは別として、そこには何らかのロシアなりの論理が存在している筈である。

たとえばロンドン大学キングス・カレッジのロシア専門家であるデヤーモンドは、ロシアの態度が旧ソ連国境の内部と外部で正反対になるという興味深い傾向を指摘している。[18]

旧ソ連域外におけるロシアの振る舞いは、古典的な国家主権を基礎としたウェストファリア的秩序そのものである。たとえばロシアは諸国家間の法的平等や内政不干渉、領土的一体性の尊重といった諸原則を擁護する一方、人道的理由に基づいて国家主権が制限されうるとした冷戦後の「保護する責任（R2P：Responsibility to Protect）」論には強硬な反発を示してきた。NATOによるユーゴスラヴィアへの介入や、2003年のイラク戦争においてロシアが示した反発はその好例である（一方、アフガニスタンへの介入については、同時多発テロを受けた米国の自衛権の範囲内であるとし、ロシアは積極的な協力姿勢を示した）。また、ロシアはシリアに対する米国の軍事介入に対しても同様の反発を示す一方、主権を有するアサド政権から要請を受けたロシアの介入は法的に正統なのだという立場を示し続けている。ロシアの行動に賛否はあろうが、古典的な秩序という点に照らすならば、そこに一定の筋が通っていることは否定できない。

ところが、旧ソ連域内においては、ロシアの立場は真逆になる。ウクライナ危機や2008年のグルジア（現ジョージア）戦争の際に顕著に見られるように、ロシアは旧ソ連諸国に住むロシア系住民やロシア語話者に対して（国際法上の帰属とは関係なく）R2Pを負っているのだと主張し、法的親国の意向を無視した軍事介入を行った（第3章を参照）。また、仮にベラルーシやカザフスタンのように親露的傾向を有する権威主義国家において政変が発生した場合、ウ

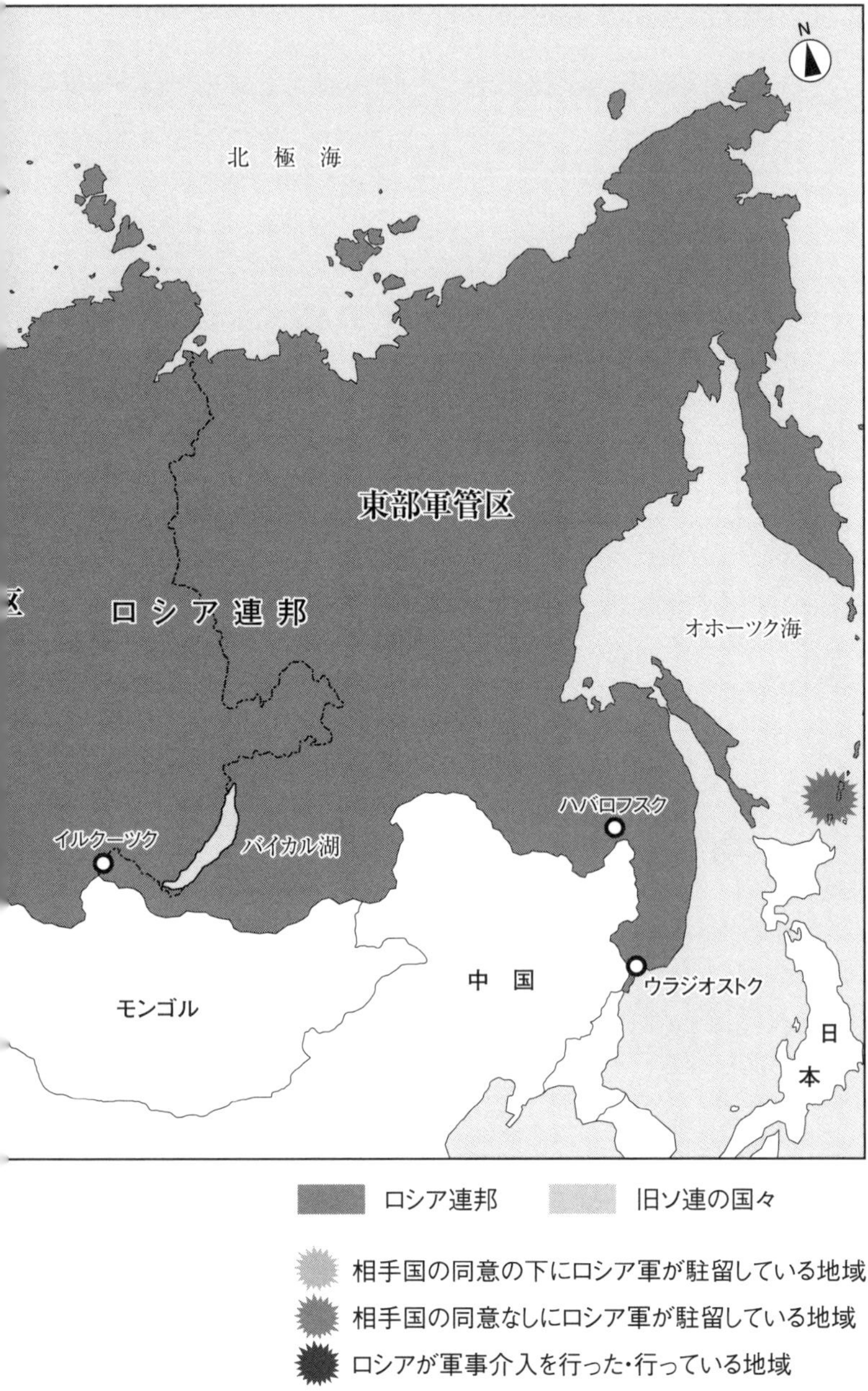
N
北極海
東部軍管区
ロシア連邦
オホーツク海
ハバロフスク
イルクーツク
バイカル湖
中国
モンゴル
ウラジオストク
日本
ロシア連邦
旧ソ連の国々
相手国の同意の下にロシア軍が駐留している地域
相手国の同意なしにロシア軍が駐留している地域
ロシアが軍事介入を行った・行っている地域

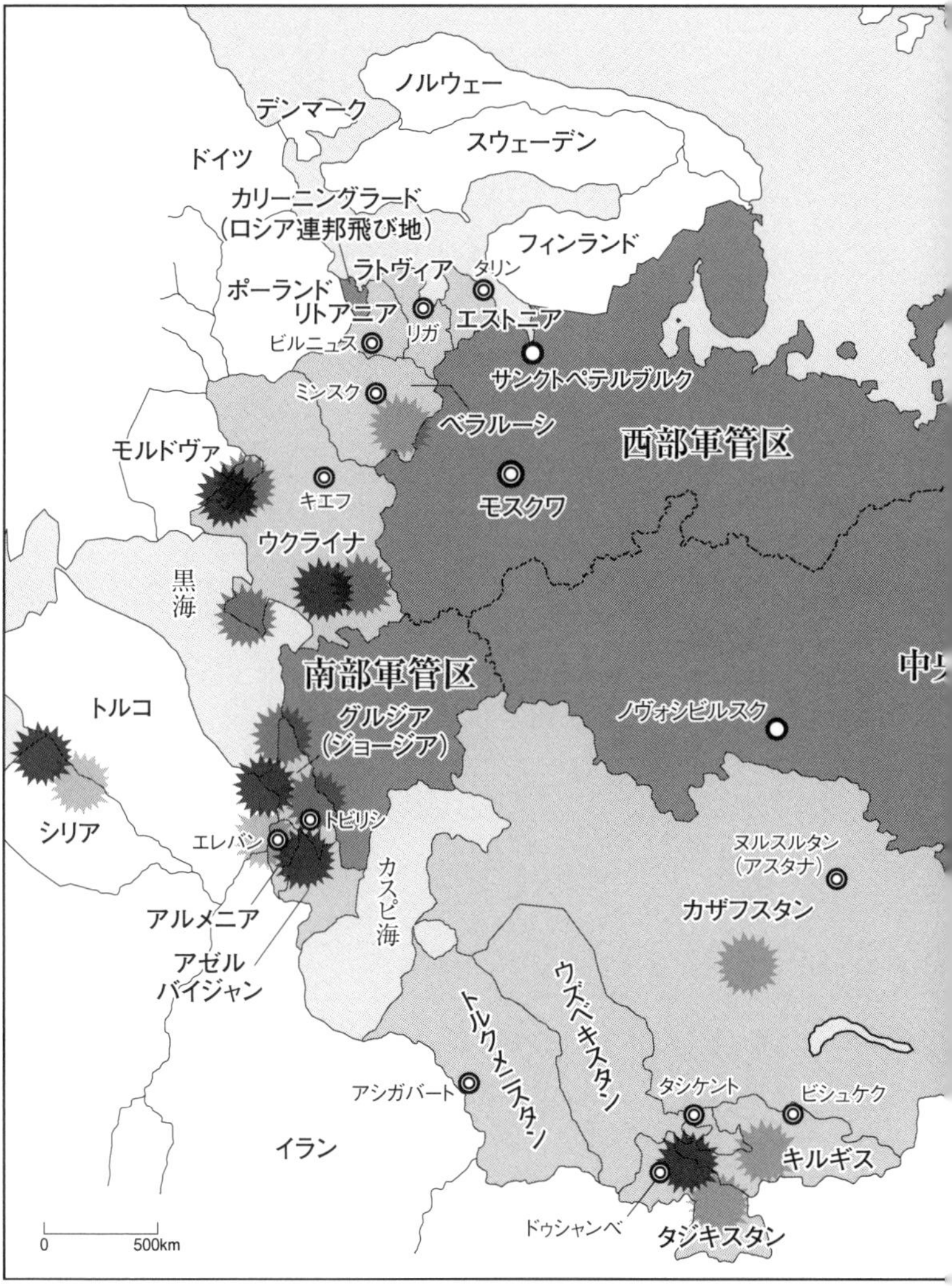

図2　ロシアの軍事プレゼンスおよび軍事介入

（出典：著者作成）

クライナに対して行ったのと同様の介入をロシアが行うのではないかという観測は定期的に浮上するところである。[19] 旧ソ連域外における古典的な国家主権への固執と対比するならば、旧ソ連諸国は半ばロシアの「国内」として扱われているようにも見える。

だが、たしかに歴史的なつながりが深いとはいえ、れっきとした主権国家である旧ソ連諸国をロシアがこのように扱うことは、どのように正当化されるのだろうか。ひとことで言えば、ロシアの考える「主権」とは、ごく一部の大国のみが保持しうるものだという考え方がその背景に指摘できよう。ロシア国際法思想の専門家であるメルクソーが指摘するように、ロシアの国際法理解における主権とは、すべての国家に適用される抽象的な概念ではなく、大国のそれを特に指すものであり、大国の周辺に存在する中小国の主権に対しては懐疑的な態度が見られる。[20] オーストラリア外務省出身のロシア専門家として知られるローもまた、ロシアの言う主権とはごく少数の大国だけを対象とした極めて狭義のものであって、中小国は基本的に主権国家とはみなされていないとしている。[21]

これについてプーチン大統領は、かつて興味深い発言を行ったことがある。ドイツのメルケル首相がトランプ政権の成立に際して「大西洋の向こうの同盟国に頼れない時代が来た」と述べたことに対し、「ドイツは主権国家ではない」と述べたのである。[22] 以下、発言を引用してみよう。

「軍事・政治同盟の枠内においては、それ（主権）は公式に制限されています。何をしてよくて何がいけないか、そこに書いてあるんですよ。実際はもっと厳しい。許可なくしては何もしてはいけないのです。許可を出すのは誰か？　上位の存在です。主権を持つ国はそう多くありません。ロシアはそれ（主権）を持つことを非常に重んじます。おもちゃのように扱うわけではありません。それ（主権）は利益を守り、自らを発展させるために必要なものです」

つまり、政治・軍事同盟（ここでプーチン大統領が念頭に置いているのはＮＡＴＯであろう）に頼る国は同盟の盟主（「上位の存在」）に対してどうしても弱い立場に立たざるを得ず、それゆえに完全な意味での主権を発揮できないということだ。だが、世界有数の経済力を有し、ＥＵを主導するドイツでさえ「主権国家」とみなされないのだとすれば、プーチン大統領の定義する「主権国家」はおそらくこの世界で10にも満たないだろう。

他方、プーチン大統領が主権を持つ国として挙げたのは、インドと中国である。その理由についてはここでは触れられていないが、プーチン大統領は別の機会に、主権とは「自由の問題であり、各人、各民族、各国家が自らの運命を自由に決せるということ」であると述べている[23]。他国に依存せず、「自由」＝自己決定権を自らの力で保持できる国だけがプーチン大統領の言う「主権国家」なのである。ことに中印が核保有国であり、外国と同盟することなく安全保障を全うしていることを考えれば、プーチン大統領の言う主権の要件には軍事力が含まれていることは間違いなく、したがって軍事大国であるロシアもまた「主権国家」であるとみなされている筈である。他方、このような能力を持たない旧ソ連諸国は真の「主権国家」ではなく、したがって「上位の存在」であるロシアの影響下に置かれるのは当然だ、というのがロシアの論理であろう。

この意味では、安全保障を米国に依存する日本もまた、「主権国家」の定義からは漏れることになる。この点については第6章で改めて触れるが、要は日本が日米安全保障条約体制下にある以上、独立したプレイヤーとはみなされないということだ。他方、国際社会の非難を浴びつつも弾道ミサイル実験と核実験を強行し、事実上の核保有国となった北朝鮮は（プーチン大統領に言わせれば）「主権国家」になりつつあるのかもしれない。

ゼロサム的主権観

以上のような理解に基づくならば、ロシア的用語法における「主権国家」（ここでは一般的な用語法と区別してカギカッコを付す）とは、「大国（держава）」に限りなく近い概念であると言えよう。やや古めかしい言葉を用いるならば「強国」とか「列強」ということにもなろうが、これらの言葉はいずれもパワーと結びついている。
サンフランシスコ州立大学のロシア専門家であるツィガンコフによると、ロシアにおける「大国」とは自らの力によって他国とのパワーバランスを維持し続けられる国であると歴史的に理解されてきた。[24]したがって、バランスが不利に傾けば大国＝「主権国家」の地位は失われ、好転すればその地位はより確固たるものとなる。ここでは、主権とは国家間のパワーバランスを反映してゼロサム的に増減するものと理解されているのである。
これに関連して、サンクトペテルブルク国立大学のボグダノフは、主権とパワーの関係性をアナーキー（無秩序）とヒエラルキー（階層的秩序）という観点から説明している。ボグダノフの整理によれば、アナーキー状態においてはすべての国家が主権を持ち、自分の安全は自分で確保するという自助（self help）の世界が出現する。しかし、アナーキーそれ自体は安定的なものではなく、国家間に存在するパワーバランスに応じてヒエラルキーへと変質する。要は、すべてのプレイヤーが平等な初期状態が、時間の経過につれて強者優位の状態へと移行していくということだ。そして、こうしたヒエラルキーの下では下位国の主権が上位国に制限されることになる。[25]
さらに、この考え方を敷衍《ふえん》すれば、主権の偏在状況はパワーバランスに応じて変動することが想定されよう。主権がパワーに紐づいたものであるならば、パワーバランスの変動はそのま

毎年恒例のヴァルダイ会議。写真は2018年10月18日、於ソチ

ま主権の偏在状況の変化に直結するためである。

このような主権理解は、プーチン大統領の重要演説においても度々観察される。たとえばウクライナ危機勃発後に開催されたロシア政府後援の有識者会議「ヴァルダイ」において、「世界で唯一の権力の中心」（ここでは米国が念頭に置かれている）に対する忠誠度が国家の正統性を決めるようになったとして、国家主権が「相対化」されていると述べたことはその好例であろう。[26] パワーバランスが国家の主権を規定するとすれば、冷戦後の世界において圧倒的な政治・経済・軍事的優位に立つ米国はそれだけ他国の主権を制限し、その分を自国に集中させることができる、ということになるためだ。ロシアが「一極支配」と呼ぶ、主権の集中状態である。一方、ソ連崩壊後に深刻な政治・経済的混乱に陥り、国力（パワー）の低下に見舞われたロシアにしてみれば、冷戦後の状況は「主権国家」としての地位に対する危機であったということになる。

他方、2000年代の国際的なエネルギー価格の高騰によってロシアの国力が回復すると、ロシアは米国中心の「一極世界」に変化が生じたとの認識を示すようになった。たとえば2009年に公表された「2020年までのロシア連邦国家安全保障戦略[27]」では「ロシアはソ連崩壊後のシステム的な危機を克服した」ことが高らかに宣言され、ウクライナ危機後の2015年に公表された現行バージョンの「ロシア連邦国家安全保障戦略[28]」では、ロシアが「主権、独立、国家的・地域的な領土の一体性、在外同胞の権利保護を行う能力を実証した」との情勢認識が打ち出された。さらに、中国、インド、ブラジルといった新興大国が勃興する一方、米国経済がリーマン・ショックによって弱体化したとの認識の下に「一極世界」的秩序は後退し、「多極世界」への移行が始まりつつあると、これらの文書は述べている。[29]

ジャングルの掟

ただ、ロシアはすべての国家が均等な主権を保持しあうアナーキーをよしとしているわけでもない。繰り返し述べてきたように、自らの力で主権を保持できない国々に対してロシアの向ける視線は極めて冷淡であり、「上位の存在」である大国＝「主権国家」の付属物としかみなされない。したがって、ロシアの言う多極世界とは、主権の一極集中（一極世界）でも完全な分散（アナーキー）でもなく、少数の「主権国家」がそれぞれに勢力圏を従えて併存するという大国間協調としてイメージされることになろう（オックスフォード大学のロシア専門家であるアリソンは、ロシアの描く秩序をオリガーキー〈寡頭制〉に喩《たと》えている）[30]。

たとえば前述したドゥーギンの「多極世界」論においては、このような秩序はグローバルな影響力を持つ少数の「独立的かつ主権的な中心」から成るとされる。こうした「中心」の資格を備えるのは米国をはじめとする西側の覇権や道徳的普遍主義に対抗できる力を持つ国々だけであって、そのような力を持たない国の国境は純粋に法的な意味しか持たないというのがドゥーギンの主張である[31]。

このような「主権の制限」という概念は、ブレジネフ政権期のソ連が唱えた「ブレジネフ・ドクトリン」あるいは「制限主権論」を想起させる。1968年にチェコスロヴァキアへの介入に際し、ソ連は社会主義体制を守るためには、時に一国の主権が制限されることは正当化されうるという理屈を持ち出した。また、ソ連を構成する15の社会主義共和国は名目上それぞれが主権を有していたが、実際には、その行使はソ連の中央政府によって厳しく制限されていた。つまり、ソ連構成諸国は名目上は「国家」だが、実際はソ連の一部だったわけである。この点に着目したデヤーモンドは、ロシアが考える旧ソ連諸国との関係は「ソ連憲法秩序」を引き継いだものであり、それゆえに旧ソ連の内外では主権に関するロシアの態度が明確に変化するのだという図式を描いている。[32]

他方、前述のボグダノフは、ソ連の制限主権論と現代ロシアのそれには共通性と差異が存在することを指摘している。[33]下位とみなされる国の主権を制限し、国際的に承認された国境を越えて自国の影響力を及ぼそうと志向する点で、両者は共通する。しかし、前者が社会主義というある程度普遍的な理念を掲げ、これを防衛するためには主権の制限が正当化されうるというロジックを用いるものであったのに対し、後者においてはエスニック集団の存在がその根拠とされている。前述したように、大国志向的な国家観においては「ロシアの民」が存在する地域に対してロシアは「歴史的主権」を有し、それゆえにR2Pを行使する「責任」を負うのだというのが冷戦後のロシアが掲げてきた論理であり、したがって、ロシアが考える「歴史的主権」の範囲は旧ソ連の版図とほぼ重なることになる。[34]

また、日本国際問題研究所のロシア専門家である岡田美保が近年の論考で指摘しているように、ここでロシアが用いているR2Pと冷戦後に人道と介入の問題をめぐって提起されるようになったR2P論とは全く異なるものである。一般的な意味でのR2Pとは異なり、ロシアの言うそれは「少なくともロシア周辺地域においては、何がR2Pという規範に適した行動なのかを決定し、判断する権利はロシア人にあることを主張するため」のものであり、「規範の適用・執行という意味でのロシアの主権は、ロシアの領域のみならず周辺国にも及ぶ」というロシアの主権観を背景としたものである。[35] あるいはマイアミ大学教授のカネットが述べるように、ロシアは西側が持ち出したR2Pのような概念を換骨奪胎した上で自国に都合のよいレトリックとして用いているとも見ることができよう。[36]

以上はあくまでもロシアの論理であり、他者である我々にとっては、時に全く身勝手なものと映る。だが、こうしたパワーに基づく秩序観は、20世紀初頭まで決して特異なものではなかった。1928年にパリ不戦条約（ケロッグ＝ブリアン協定）が結ばれるまで、一定のルールに従いさえすれば戦争は国家の正当な行為とされてきたのであり、この意味では主権はたしかにパワーに裏打ちされていたと言える。不戦条約自体も第二次世界大戦を防ぐことはできなかったし、戦後の冷戦体制下でも大国によるパワーゲームは続いた。21世紀の現在においてさえ、実態としてはパワーと主権の関係を否定することは困難であろう。

他方、あからさまにパワーに物を言わせる対外姿勢（たとえば軍事力行使）は次第に国際的な理解を得られなくなりつつあることもまた忘れてはならない。たとえば米国のイラク戦争、中国による南シナ海の実効支配、そしてロシアによる一連のウクライナ介入などは、20世紀前半であれば現在ほど強い非難を浴びることはなかったのではないか。さらに前の時代であれば、クリミア半島の併合は「失地回復」とされ、プーチン大統領（という職務はなかっただろうが）は名君として歴史に名を残した筈である。

２０１４年のクリミア危機に際し、ロシアが「19世紀や20世紀の手法を用いて違法に振舞っている」、「法の力よりもジャングルの掟が、一国の地政学的な思惑が理解と協調よりも優先されている」とドイツのメルケル首相が述べたことは、[37]ロシアの振る舞いを単に非難するばかりでなく、それが非常に古典的な秩序観に基づくものであることを示唆しているとも言えよう。

2.「勢力圏」の論理

帝国的秩序とウェストファリア的秩序の狭間

旧ソ連諸国がロシアの「歴史的主権」が及ぶ特別な地域であるという認識を示す一つの例としては、２００８年のグルジア戦争後にメドヴェージェフ大統領（当時）が発表した通称「外交5原則」がある。[38]同大統領は、この中で、「国際法」、「多極世界」、「非孤立」、「国民の保護」と並び、ロシアが「特別な利益を持つ地域」に言及した。これは「伝統的な友好関係、歴史的な特別の関係を結んできた国々」であり、メドヴェージェフによると、ロシアは「これらの地域を特別に注意深く扱い、これらの国々、我々の近しい隣人との友好的な関係を発展させる」のだという。だが、そのような関係が破れた場合には、ロシアは軍事力を含む影響力行使によって「特別な利益を持つ地域」を維持しようとしてきた（第3～4章を参照）。旧ソ連諸国は単なる外国ではなく、ロシアが一定の影響を及ぼすべき「勢力圏」であるということだ。

ある大国が周辺の国々に対して権力関係を行使しうるとき、そのエリアは勢力圏と呼ばれることが多い。勢力圏に関する定義は様々であるが、中央アジア政治の研究者として知られる湯浅剛は、平等な主権国家間の「諸国家システム（states-system）」とは異なる階層的な国家間システムに関する先行研究を踏まえつつ、ある国家から常に一定方向に対して介入が行われる地域を「勢力圏」と定義した。[39] すでに述べたロシアの主権観に即して言えば、大国＝「主権国家」を中心とするヒエラルキーの及ぶ範囲が勢力圏であるということになる。

このような関係性は、しばしば「帝国」的とも形容されてきた。ブリストル大学のホーウェによれば、帝国のおおまかな定義とは「元々の境界外部の領域に対して支配を及ぼす広範な政体」であり、「核」と「周辺」の間の支配関係を特徴とする。[40] 第1章で紹介したトールが、旧ソ連諸国（周辺）をモスクワ（核）の影響が及ぶ特別な領域とみなす態度を「帝国志向」と呼んだのも、まさにこのような「帝国」的秩序の性格を反映したものと言える。

ところが、ソ連の崩壊は、こうした帝国的秩序の崩壊にもつながった。地球の陸地総面積の約６分の１（約2200万平方キロメートル）を占めていた巨大国家は今や15の独立国家群へと分裂し、ソ連の支配下にあった東欧諸国も自律性を取り戻した。かと言って、ロシアとこれらの国々が突如として普通の国家間関係へと移行できたわけでもない。各種のインフラから生産ネットワーク、プーチン大統領が述べる国境外の「同胞たち」、在外ロシア軍基地などは依然としてかつての「核」と「周辺」を結びつけていた。

ロシアはこれらの国々とどのような関係を結べばよいのか――つまり、旧ソ連諸国に対して帝国として君臨した過去と決別して対等な国家間の関係を築くべきなのか、それとも過去の帝国的秩序を何らかの形で引き継ぐべきなのか。そして、これらの国々に対する域外勢力（たとえば米国）の関与をどのように扱えばよいのか――たとえば旧ソ連諸国がＮＡＴＯに加盟することを認めてもよいのか……？

これらの問いが、究極的には新生ロシアの方向性をどのように定めるのかという問題に行き着くことは第1章で述べた。つまり、ソ連から決別した新たな国家体制の下でも旧ソ連諸国を支配下に置く「帝国」を目指すのか、それとも旧ソ連諸国を完全な独立国として認めてウェストファリア体制の中に位置付けるのかということだ。そして、ウェストファリア的秩序への試みが挫折し、帝国的秩序がその実現の困難さゆえに採用されなかった結果、残ったのが「大国」への志向であった。

しかし、プーチンのロシアが帝国志向のようにあからさまなヒエラルキーを目指していないことはたしかであるとしても、その後の振る舞いを見れば、ロシアの国境外部にまで「歴史的主権」を及ぼそうとする傾向が完全に払拭されたようには見えない。あるいはコズィレフ外相が、旧ソ連を「ポスト帝国の空間」であるとしつつ、依然としてあらゆる手段を用いてロシアの国益を守ると表明していることを想起してもよい。だが、帝国的秩序ではなく、ウェストファリア的秩序でもないとすれば、現在のロシアが想定する大国志向の旧ソ連秩序とはいかなるものなのだろうか。

積極的勢力圏と消極的勢力圏

そこで勢力圏の概念について、もう少し掘り下げて考えてみたい。

前述の湯浅が論じているように、勢力圏とは一様なものではなく、そこには積極的なものから消極的なものまでが存在する。[41] 積極的に何らかの振る舞いを強制しうるような関係ばかりが勢力圏を特徴付ける介入なのではなく、「主権国家」にとって不都合な振る舞いを手控えるよう強制しうることもまた介入なのであるとすれば、勢力圏の現実的な形態にはある程度の幅が想定されよう。

これについてはトレーニンが、ソ連の勢力圏概念について次のような整理を行っている。[42] すなわち、①ソ連の領土そのものに組み込まれていた地域（中央アジア等）、②ワルシャワ条約機構や経済相互援助会議（COMECON）といった諸制度を通じ、ソ連主導の体制に組み込まれていた地域、③より不安定で限定された影響力だけを発揮できたアジア・アフリカ諸国という、グラデーション状の勢力圏理解である。また、トレーニンは後の著作において、勢力圏にはソ連が直接支配する「支配圏」と間接的な支配を及ぼす「影響圏」が存在するという整理を行っている。[43] そして、トレーニン自身も認めているように、ソ連崩壊後のロシアからは「支配圏」のような強固な勢力圏は失われたものの、旧ソ連諸国は依然、「影響圏」とみなされ続けてきた。

ここでトレーニンが述べる「間接的な支配」に、何らかの行動を手控えさせられる影響力が含まれるとした場合、影響圏と消極的勢力圏はほぼイコールで結ぶことができよう。たとえば旧ソ連諸国の中には、①ロシア主導の政治・経済・安全保障枠組みに加盟し、ロシアと概ね共同歩調をとる国々（カザフスタン、ベラルーシ、アルメニア等）が存在する一方、②ここから距離を置いたり（ウズベキスタン、トルクメニスタン等）、③さらにはNATOや欧州連合（EU）への加盟を目指す国々（ウクライナ、グルジア等）が存在する。②や③に当てはまる国々はロシアの影響圏から距離を置こうとしていることは事実であるものの、ロシアが決定的に望ましくないと考える行動（NATOやEUへの加盟等）をロシアの介入によって果たせずにいる以上、消極的にはロシアの影響圏内に留まっていると考えることは可能である。現在のロシアが目指しているのは、まさにこのような意味での影響圏＝消極的勢力圏を維持することであろう。[44] あるいは「大国志向」とは、影響圏＝消極的勢力圏によって構成される秩序への志向と定義することも可能であるかもしれない。

また、ごく微弱ながら、ロシアの勢力圏は東欧やバルト諸国にも広がっている。これらの国々はすでにロシアの支配圏からは完全に外れ、NATOやEUに加盟したことで、影響圏でさえなくなった。だが、依然としてロシアはこの地域で一定の特別な利益を認められるべきであると考えているように見える。軍事面で言えば、ブッシュ政権の東欧への弾道ミサイル防衛（MD）システム配備計画に対する反発は、このような思想の顕著な表れと言えよう。西側は、このシステムがロシアの核抑止力を脅かすことはないと繰り返し説得を試みたものの、ロシアは強硬な反発を示してきた。純粋に技術的に見れば、東欧に配備される予定であった迎撃ミサイルでは、大部分のロシアの戦略核兵器は完全に射程外か、迎撃が極めて困難であったことはロシア側の専門家も認めるとおりである。[45] だが、自国に断りなくこの地域に大規模な西側の軍事的プレゼンスを展開させることは、それ自体がロシアの特別な利益、すなわちロシアへの配慮による軍事力配備の制限を損なうものであったと言える。

カラー革命論

以上のような秩序観に立った場合、現在の世界秩序はどのように理解されるのだろうか。すでに見たように、米国の覇権が絶対的・相対的に後退したことにより、世界秩序は一極世界から多極世界へと移行しつつあるとの認識をロシアの政策文書群は示している。パワーバランスを基礎とするゼロサム的な主権観からすれば、これはロシアを中心とする勢力圏秩序の確立に関して望ましい条件であると言える。

しかし、ロシアは出現しつつある「多極世界」は依然として危機に晒されているとの見方も示している。たとえば２０１５年版「国家安全保障戦略」では「世界秩序の新たな多極モデルの形成プロセスは、グローバルかつ地域的な不安定性の増大を伴っている」としているほか、「軍事ドクトリン」[46]は「現段階における世界情勢の展開は、グローバルな競合、価値観の方向性・発展モデルをめぐる様々な分野での国家間・宗教間の緊張、国際関係全般の複雑化によるグローバルかつ地域的レベルでの経済的・社会的プロセスの不安定性によって特徴付けられる」と述べる。ロシア側の見方によれば、このような緊張を生んでいるのは米国の振る舞いである。

プーチン大統領は前述のヴァルダイ会議演説において、米国を、金の使い方を知らない「成金」に喩えた。米国は冷戦後に世界の覇権を握ったものの、パワーバランスが多極化しつつあることを認めようとせず、力で世界を従わせることによって一極世界を維持しようとしてきたというものである。

さらにプーチン大統領はここで、「戦争に見えない戦争」が行われているという認識を示唆している。米国の覇権に従おうとしない国に対しては「軍事力の行使、経済およびプロパガンダの圧力、内政干渉、そして『超法規的な正統性』アピール」が行われ、「何人もの指導者に対する違法な脅迫」が加えられるという。プーチン大統領によれば、米国はこのような方法により、一極世界に楯突く不都合な体制を公式の戦争に訴えずして転覆させてきた。

こうした陰謀論的な世界観は、ロシアの政治的言説においては決して珍しいものではない。たとえば2000年代半ばの旧ソ連諸国では、グルジアのバラ革命（2003年）、ウクライナのオレンジ革命（2004年）、キルギスタンのチューリップ革命（2005年）によって、権威主義的な体制が民衆の反抗により相次いで打倒された。コロンビア大学のミッチェルが指摘するように、こうした民主化革命を担った政治勢力への米国の支援は「重要だが小規模」なものであり、これらの運動が米国によって操られていたという性質のものではない。[47]

だが、ロシアにおいては、「カラー革命」は米国によるロシアの勢力圏切り崩し工作とみなされた。[48] 2010年代に中東諸国で発生した「アラブの春」や、2014年のウクライナ政変に関しても同様の陰謀論的理解が盛んに喧伝されている。

このような世界観を代表する言説としては、2013年に軍事専門誌『軍需産業クーリエ』に掲載されたゲラシモフ参謀総長の論文（実際には演説の書き起こし）「予測における科学の価値」がある。[49] その冒頭、ゲラシモフ参謀総長は「アラブの春」を取り上げて、次のように述べている。

「21世紀においては、平和と戦争の間の多様な摩擦の傾向が続いている。戦争はもはや、宣言されるものではなく、我々に馴染んだ形式の枠外で始まり、進行するものである。北アフリカおよび中東における、いわゆるカラー革命に関連するものを含めた紛争の経験は、全く何の波乱もない国家が数ヵ月から場合によっては数日で激しい軍事紛争のアリーナに投げ込まれ、外国の深刻な介入を受け、混沌、人道的危機そして内戦を背負わされることになるのである。

（中略）

もちろん、「アラブの春」は戦争ではなく、したがって我々軍人が研究しなくてもよいと言うのは簡単である。だが、もしかすると、これが21世紀の典型的な戦争ではないのだろうか？」

ロシア国防相、セルゲイ・ショイグ

以上のように、ゲラシモフ参謀総長は、21世紀における戦争は国民国家体制の下で築かれてきた古典的な戦争の形式および手順に当てはまらないものとなりつつあり、「非軍事的手段」が主となりつつあるとのテーゼを掲げる。ゲラシモフ参謀総長によれば、このような「非軍事的手段」とは、政治、経済、情報、人道、その他の幅広いものであり、これらが「住民の抗議ポテンシャル」に応じて適用される。一方、非公然の情報敵対活動および特殊作戦部隊の活動を含む国家の正規軍は、こうした「非軍事的手段」を補完ないし増幅する目的で使用される。また、公然と軍事力を使用する場合には、平和維持活動および危機管理という形態を装う場合があるし、在来型戦闘においては単一のネットワーク化されたハイテク・高機動戦力を駆使する。そして、これら正規・非正規の手段を組み合わせることによって、敵国内部には「継続的に機能する戦線」が出現する、という。

このような見方はゲラシモフ個人の妄想と切り捨てることはできない。「カラー革命」論に類する考え方は以前からロシアの保守的な軍人たちの間でまま見られたものであり、ゲラシモフ演説はそうした軍内部の思想的潮流を現代的にまとめ直したものと見た方がよい。

さらに2014年5月、ロシア国防省が開催したモスクワ国際安全保障会議において、ショイグ国防相は「カラー革命」、「アラブの春」、ウクライナ情勢まで含めた一連の体制転換を「政治、社会、経済的問題を利用したもの」とし、その背後には情報戦や特殊作戦を活用した西側の存在があると指摘した。[50] 2014年には軍事政策の指針である「軍事ドクトリン」にもこのような見方が盛り込まれている。

以上のような世界観からすれば、現在の世界を不安定化させ、秩序（大国＝「主権国家」を中心とする勢力圏秩序＝多極世界）に挑戦しているのは米国の方であるということになる。一方、ロシアの介入は秩序を守るための防衛的行動であり、むしろ旧ソ連の被介入国の主権や領土的一体性を保護するものとして正当化されるのである。[51]

なお、第1章では、プーチン政権が「包囲された要塞」としてのロシアのイメージを国民動員に用いているというホルブーリン元ウクライナ国防安全保障会議書記の見解を紹介したが、ヤブロコフはさらにこの種の被包囲意識が反西側的陰謀論とどのように結びついているのかを近著（その名も『ロシア要塞』）で包括的に検討している。[52]

3．勢力圏の今後

介入が招く勢力圏の自壊

本章では、主権と勢力圏を手掛かりとして、ロシアの秩序観について論じてきた。ロシアの理解によれば、ロシアは、より弱体な国々の主権を制限しうる「主権国家」＝大国であり、その「歴史的主権」が及ぶ範囲は概ね旧ソ連の版図と重なる。その内部において、ロシアはエスニックなつながりを根拠とするR2P（保護する責任）を主張し、介入を正当化してきた。

一方、ロシアの「歴史的主権」が及ばない旧ソ連圏外においては、ロシアはウェストファリア的な古典的国家主権の擁護者を以て自らを任じてきた。前述したロシア研究者のデヤーモンドが述べるように、ロシアは国連安全保障理事会の常任理事国という極めて有利な位置を占めており、旧ソ連圏外ではウェストファリア的秩序が維持されることが大国としての地位を保持する上で好都合なためである。[53]それゆえに、ロシアは旧ソ連圏外でのＲ２Ｐの行使に対して極めて否定的な態度を示すとともに、米国の介入（そこにはカラー革命論に基づく陰謀論的なそれも含まれる）を厳しく非難してきた。

しかし、これは明らかな二重基準である。旧ソ連諸国に対するロシアの「歴史的主権」という概念は国際的に承認されたものではなく、旧ソ連国境の内外で異なる主権原則が適用されることを客観的に正当化しうるものではない。

主権が、その発現過程において、現実のパワーバランスや地理的環境の影響を受けることは否定し得ない事実ではあろう。「歴史的役割、規模、核保有国および国連安全保障理事会常任理事国としての地位、そして究極的にはこの地域における（異論はあるが）秩序の保証国としての地位」に鑑みて、ロシアが旧ソ連諸国における特別の関心を有することは正当化しうるというサクワ（英ケント大学教授）の主張[54]は、国際関係における現実の一側面ではある。

しかし、ロシアがウクライナに対して行った一連の介入は、明らかにこのような正当化の範囲を超えている。かつてのモンロー・ドクトリンに基づく米国の介入が現在では正当化し得ないのと同様に、ロシアによる「歴史的主権」の行使も現在の秩序に照らして到底容認できるものではない。ロシアに「歴史的主権」が認められるとすれば、論理的には他の大国もこうした特権を周辺諸国に対して持つことになるためである。ロシアの勢力圏論自体は旧ソ連諸国という比較的限られた範囲に向けられたものであるとしても、このような論理が他の大国（たとえば中国）の行動を正当化する可能性を考えれば、それが既存の国際的秩序全体に及ぼす影響は決して小さくない。

このような主権観に基づく勢力圏秩序が実際にどれだけ機能しているのかについても考えてみたい。国際関係を大国間の「グレート・ゲーム」とみなすロシアの理解は、中小国の主体性を捨象してしまう危険性を孕《はら》んでいる。旧ソ連諸国や東欧社会主義国がソ連の支配圏に組み込まれていた当時は、このような理解が一定の有効性を持ち得た可能性はあるが、ソ連が崩壊した現在においては（全く無効ではないにせよ）相当の留保を必要としよう。旧ソ連諸国は大国が取り合う駒ではなく、それぞれが主体性を持って戦略的に行動するプレイヤーである。ことに2010年代には旧ソ連諸国に対する中国の存在感が高まり、旧ソ連諸国はロシア、西側、中国という三つの勢力の間でマニューバー（域外大国を天秤にかける「コウモリ外交」）を行う余地を高めてきた。また、ロシアが「歴史的主権」を守るために軍事力行使に踏み切ったグルジアおよびウクライナにおいては、NATOやEUへの加盟プロセスを凍結させるという効果をもたらす一方、両国の反露的姿勢は一層確固たるものとなってきた。

ロシアが大国＝「主権国家」の率いる勢力圏という秩序観を容易に放棄することはたしかに考えがたい。だが、中長期的に見た場合、ロシアのこうした振る舞いは周辺諸国の警戒感を強め、結果的に勢力圏を衰退させる作用を持つのではないだろうか。

ロシアの大戦略?

また、次の点にも触れておく必要があろう。つまり、第1章および本章で紹介してきたロシアの秩序観とは、ロシアの対外政策を導く何らかの指針であるのか、より個別具体的な理由に基づいて行われる行動を正当化するためのロジックに過ぎないのかということである。

前者の見方に基づくならば、ロシアは「勢力圏」という巨大な思想に基づいて戦略的に対外介入を実施していることになる。このような見方は、ロシアを脅威と見る立場にも、ロシアに比較的好意的な立場（たとえばプーチン大統領の政治手腕にリーダーシップの理想像を見出すような立場）にも比較的浸透しているようだ。他方、ロシアの行動はより実利に基づいており、しかもその時々の状況に応じた場当たり的なものだという見方もある。

筆者の立場をやや狡《ずる》いやり方で示しておくと、実際のロシアの対外行動には両者の要素が見られ、しかもその混在度合いにはケースごとの濃淡がある、ということになろう。実際問題として、プーチン大統領の述べる、ロマンチックだが時代錯誤的な思想が21世紀のロシアにおける対外政策を完全に支配していると考えることは難しい。他方、こうした思想的背景を考慮しないことには説明し得ない振る舞いをロシアが見せることもまた事実である。巨大な経済的コストと西側との軍事的対立を背負い込んでまで軍事介入に打って出たウクライナなどは、その好例と言える。

そこで、続く五つの章では、ロシアの東西南北における対外政策の実際をいくつか概観しつつ、思想的要素と実利的要素、戦略的思考と場当たり主義の相克を実地に見ていくことにしたい。

第3章

「占領」の風景

——グルジアとバルト三国

アレクサンドル・ネフスキー聖堂と言います。なんだかこの建物、悪目立ちしていますよね、この町では。[55]

――梨木香歩『エストニア紀行』より

1．グルジア――抱え込んだ二つの紛争

「私の国の20％はロシアに占領されています」

北方領土を訪れた翌月の２０１８年９月、筆者はグルジアの首都トビリシの街中を歩いていた。９月のトビリシは乾いて暑い。この気候はグルジアをして葡萄の名産地たらしめており、その葡萄を原料とするグルジア産ワインは世界各国で人気を博している。実際、トビリシの表通りから裏路地を覗くと、葡萄棚が瑞々しい緑色を放っているところによく遭遇した。

だが、このときの筆者にはトビリシの景色を楽しむ余裕はあまりなかった。ノートパソコンの充電器を日本に忘れてきたことに気付き（出張のたびに何かしら必ず忘れ物が出る）、電器店を探していたのである。午後にはグルジア外務省での会議が予定されており、メモを取るためになんとか充電器を見つけたかったのだが、筆者のコンピューターはマッキントッシュなのでなかなか置いている店が見つからない。

そこで思いついたのは地下街だった。旧ソ連の都市では大通りにあまり横断歩道を設けず、代わりにペレホートと呼ばれる地下通路が設置されていることが多い。ソ連時代には純然たる

通路だったのだろうが、ソ連崩壊後に経済が自由化すると通路には無数の売店が立ち並ぶようになり、軽食から化粧品、雑貨、電気製品に至るまでなんでも揃う地下商店街になった。その多くは無許可店舗であるため、最近のモスクワではめっきり減ったが（ちなみに違法キオスクが撤去されてみると、それまでは覆い隠されていたソ連時代の社会主義リアリズム風壁画が出現することも多く、まるで古代の地層が露出したようだ）、トビリシならまだ地下商店街があるだろう。この街の空気は、モスクワよりもずっと「緩い」感じがする。

なるべく大きなペレホートを見つけて地下に降りてみると、果たしてそこにはキオスク街が広がっていた。ロータリー状になった地下の薄暗い空間にタバコ屋、服屋、パン屋などが軒を連ねており、あるいは色とりどりのストッキングを穿《は》いた脚だけのマネキンが揃いの形にポーズを付けている。家庭菜園で作ったらしい果物や、大小様々のイコンを売る屋台もある（グルジアは正教国である）。何よりありがたいことにパソコン部品を扱うジャンク屋があり、店主（本名はボソらしいが、「ボブと呼んでくれ」とのことで、以降ボブで通す）に頼むとすぐに充電器を取り寄せてくれた。どうやらコピー品らしいが、充電器としてはきちんと機能してくれる。数日の急場をしのぐならば十分だろう。

ボソ改めボブに礼を言ってホテルへ戻る道すがら、一軒のバーが筆者の目に留まった。行きには気がつかなかった店だ。午前中なので店は閉まっていたが、そのガラス扉に英語で次のよ

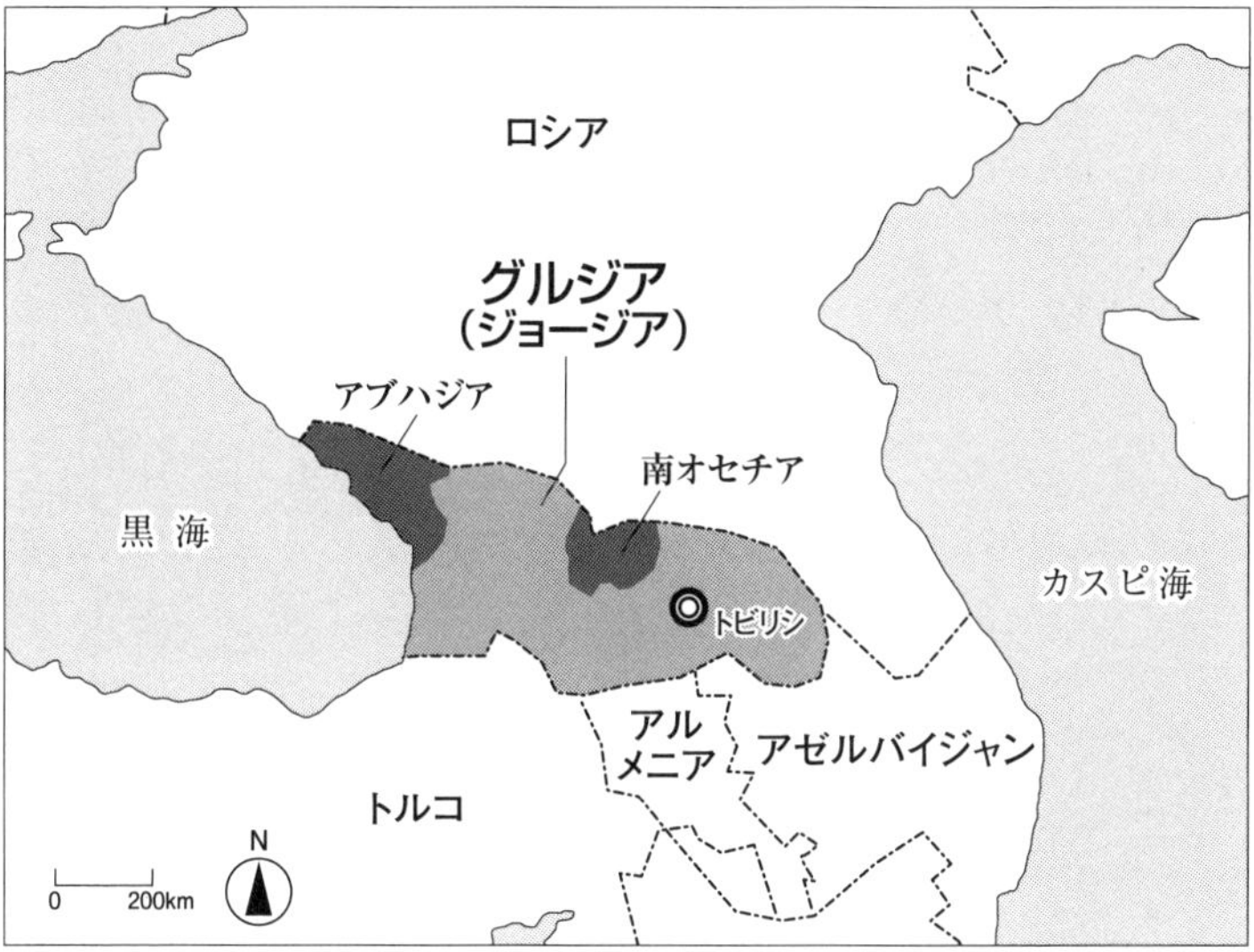

図3　グルジアと周辺の国々

トビリシのバーのガラス扉に書かれていたメッセージ

うな言葉が書かれていた。

「私の国の20%はロシアに占領されています。あなたが同意してくれるなら歓迎」

グルジアという国が置かれた状況を知らなければ、トビリシに溢れるロシア人観光客を皮肉っているようにも読めるが、真意はそこにはあるまい。というのも、グルジア領の2割は実際にロシアの占領下に置かれているためである。

ロシアとグルジアの戦争が勃発したのは、筆者がこのメッセージを目にするより10年前の2008年8月7日であった。グルジアからの分離独立を主張していた南オセチアで民兵勢力とグルジア軍の戦闘が発生し、現地のロシア軍平和維持部隊を守るためとして、ロシア軍が全面的な軍事介入に踏み切ったという事件である。南オセチアではその少し前から民兵勢力とグルジア軍との間で散発的な戦闘や砲撃が続いており、もう一つの分離独立地域である黒海沿岸のアブハジアでもロシア軍の増強が行われるなど、緊張が高まる中で発生した大規模衝突であった。また、この戦争は、ソ連崩壊後のロシアが関与した最初の国家間戦争でもあった。

戦争のごく初期段階においては、グルジア軍が優勢に立った。NATO加盟を目指すグルジアは、この時期までに自国軍をNATO式の装備と編制に再編していたほか、イスラエル製無人機などを装備しており、南オセチアの民兵勢力に対しては優位であったためである。一方、ロシア側ではメドヴェージェフ大統領（当時）が夏の休暇中、プーチン首相（当時）が北京オリンピックの開会式に出席するために外遊中、ロシア軍参謀本部作戦総局が新庁舎への引っ越し中というタイミングで、グルジア軍の動きはこうした隙を突いたものであった。

このようにして南オセチアの「首都」であるツィヒンバリを包囲したグルジア軍であるが、ロシア側が態勢を立て直すのは早かった。カフカス山脈を貫いてロシアとグルジアをつなぐグルジア軍道の要衝ロキ・トンネルを速やかに押さえたロシア軍は、このルートで北カフカス軍管区（現在の南部軍管区）第58軍を投入。同時に空軍（現在の航空宇宙軍）による大規模な航空作戦を展開して、グルジア領内への爆撃を加えた。9日にはアブハジアでもロシア軍とアブハジア民兵勢力がグルジア軍を攻撃して第二戦線を開き、黒海ではロシア黒海艦隊の水上艦艇グループと特殊部隊がごく小規模なグルジア海軍を壊滅状態に陥れた。フランスの仲介でロシアとグルジアの戦闘が停止されたのは開戦から5日後の12日のことだったが（それゆえ五日間戦争と呼ばれることもある）、この時点までにロシア軍はグルジア中部のゴリや黒海沿岸の港湾都市ポチを占領しており、グルジアの完敗は明らかであった。

だが、ロシア軍の勝利は、単なる数の優位によるものではない。この短い戦争を通じてロシア軍は指揮通信システムの不備や精密攻撃能力の欠如といった問題（その多くはソ連崩壊後の停滞によって引き起こされたものであった）に苦しみ、それが大規模な軍改革につながったことはたしかである。[56] 他方、米陸軍のドノヴァンが指摘するように、グルジア戦争におけるロシア軍は入念な事前準備と計画に基づき、迅速な作戦によって国際社会が反応を示す前に戦争の大勢を決した。さらにロシア軍は、自国の軍事力行使が西側諸国の決定的な反発を招くことを回避するため、グルジアの首都トビリシを占領することを（軍事的にはそれが可能な状況であったにもかかわらず）抑制した。ドノヴァンは、このようなロシア軍の手際が、戦略と戦術を架橋するソ連の伝統的な軍事思想である「作戦術（operational art）」を適用したものであるとして高く評価している。[57] さらに米国防総省系のシンクタンクであるＣＮＡコーポレーションのコフマンは、ロシア軍がこの戦争で数々のミスや技術的不備に苦しみつつも総じて調整のとれた戦闘を遂行するとともに、民兵やサイバー攻撃を活用した「通常戦プラス」型戦争を展開したことを指摘する。[58] このほかにも、ロシア軍が多くの問題点を抱えつつ対グルジア戦争という観点では優れたパフォーマンスを示したと指摘する米軍関係者は多い。[59] 西側先進国の軍隊に比べると難はあるが、旧ソ連諸国の軍隊に対しては圧倒的な優位にあるというこの構図は、ウクライナ危機でも繰り返された。

ともかくも、純軍事的に見ればグルジア戦争はロシアの圧勝に終わり、ロシアは南オセチアとアブハジアを「独立国家」として承認した。それ以前の両地域はグルジアからの独立を主張しつつも本土との往来が存在したが、これによって断絶は決定的なものとなったと言える。筆者がトビリシで目にした「占領された20％」は、こうして生まれたものであった。

「勢力圏」防衛戦争としてのグルジア戦争

しかし、南オセチアとアブハジアをめぐる問題がこれ以前から存在していたことはすでに述べたとおりである。それが２００８年８月というタイミングで発火したのはなぜなのだろうか。大きな背景として考えられるのは、この当時、ロシアとＮＡＴＯの関係が冷却化の一途を辿っていたことであろう。

２０００年に成立したプーチン政権は当初、エリツィン政権末期に悪化した西側諸国との関係改善を掲げ、現在では考えがたいほど米国に配慮した対外政策をとった。たとえば２００１年、米国で同時多発テロ事件が発生すると、プーチン大統領はアフガニスタンにおける米国の対テロ作戦に協力を表明し、中央アジア諸国への米軍展開を認める方針を打ち出した。「勢力圏」である中央アジアへの米軍展開については軍や情報機関からの強い反対があったとされるが、これを政治判断で押し切ったのがプーチン大統領である。続いて同年、米国は冷戦期に結ばれた弾道弾迎撃ミサイル（ABM）条約からの脱退を一方的に決めたが、ロシア政府は抑制的な非難声明を出すに留め、事実上黙認の姿勢を示している。2004年にバルト三国のNATOおよびEU加盟が決まった際にもロシアは強く反対せず、2006年にはグルジアに駐留していたロシア軍の撤退が（南オセチアおよびアブハジアに駐留する平和維持部隊を除いて）完了した。

だが、2000年代半ば以降、米露関係は次第に悪化の様相を辿るようになる。2003年に米国がロシアの反対を押し切ってイラク戦争に踏み切ったことや、2005年に米国が東欧への弾道ミサイル防衛（MD）システム配備計画を打ち出したことに加え、旧ソ連諸国において相次いだ政変が米国の陰謀によるものであると見るロシアは、米国に対する不信感を募らせていった（第2章第2節を参照）。これらの政変の結果、ロシアが「勢力圏」とみなすグルジアとウクライナがNATOへの加盟を公然と掲げるようになったことに、ロシアの被害者意識はさらに強まっていた。

西側諸国がロシアを冷戦の敗者とみなし、何かにつけてロシアの政治体制や経済体制に注文をつけてくることもロシアは気に入らなかった。元々ソ連としては冷戦に敗北したという意識は希薄であり、むしろ冷戦の終結は、人類の破滅を避けるために米国と成し遂げた「共通の成果」であると見られていた。だが、冷戦の終結と国家の崩壊がほぼ同時に発生したことで、社会主義という「誤った」体制に西側の「正しい」自由民主主義体制が勝利したという理解が冷戦後の世界ではほぼ一般的となった。深刻な政治・経済的混乱に見舞われていた１９９０年代のロシアは、このような扱いに屈辱感を覚えつつも耐えるほかなかったが、原油バブルによって経済力をつけ、プーチン政権下で「垂直的権力構造」と呼ばれる社会的統制を回復したロシアは、徐々に西側からの扱いに苛立ちを隠さなくなっていた。ことにロシアが強く反発したのは、チェチェンにおける対テロ作戦や反体制的なジャーリストへの弾圧など、ロシアの国家的体制を維持するために不可欠な（とプーチン政権が考える）行いを、西側が「人権弾圧」であるとして非難してくることであった。

ロシアはこれだけ西側に協力しているのに、全く顧みられることがない。それどころかロシアの「勢力圏」を切り崩し、ＮＡＴＯを拡大させているというのは、一体どういうことなのだ。あまつさえ教師のような顔でロシアの国内問題に説教を垂れてくるとは傲慢ではないか――２００７年２月、ミュンヘンで開催された国際安全保障会議に出席したプーチン大統領の演説[60]は、こうした不満を端的に示すものと言えよう。以下、少し長くなるが、その一部を抜粋してみたい。

「一極世界とはなんでしょうか？　あれこれと言葉を重ねて誤魔化す人もいますが、とどのつまりはある一つの状況の型を言っているのです。権威の中心が一つだけ、力の中心が一つだけ、決定を下す中心が一つだけということです。

それは、支配者が一人だけ、主権は一つだけという世界です。そしてこれは、システム内部の全員にとって有害なだけでなく、主権そのものを内部から破壊するという意味で主権にとっても有害なものです。

ここには民主主義との共通性など全くありません。ご存知のとおり、民主主義とは、少数者の利益と意見を考慮に入れた多数派の権力を言うのです。

ついでながら、我々、つまりロシアは、常に民主主義についてお説教を受けてきました。しかしどうしたものか、我々に教えを垂れようという人々は自ら学ぼうとしないのです」

これに続いてプーチン大統領は、冷戦後の西側が行ってきた軍事介入や国連安保理の軽視を激しく批判する。たとえば、プーチン大統領の前に行われたイタリア国防相の演説に嚙みついた以下の箇所などは痛烈である。

「最後の手段として軍事力の行使を決断できるメカニズムは国際連合憲章だけです。これについて我々の同僚であるイタリア国防相がさきほど仰ったことですが、私が理解できていないのでしょうか、それとも彼が言い間違ったのでしょうか。私に聞こえたところでは、軍事力の行使はＮＡＴＯ、ＥＵ、又は国連で認められた場合のみ合法だというのです。彼が本当にそう考えているなら、我々は全く異なった視点を持っていることになります。又は私の聞き間違いでしょうか。軍事力の行使は、その決定が国連で承認された場合のみ合法なのです。そして我々は、国連の代わりにＮＡＴＯやＥＵを持ち出す必要などありません」

おそらく直前に演説原稿に書き加えられたのだと思われるこの箇所は、西側の傲慢に対するプーチン大統領個人の強い憤りを示しているように見える。１９９９年のインタビューでも、プーチンは「彼らは国連憲章を変えようとするか、ＮＡＴＯの決定をその代わりにしようとしている。我々は断固としてそれに反対する」と述べ、西側が国連をバイパスして独自の軍事力行使を行う傾向に強く反発していた。前述のアリソンが指摘するように、国連安全保障理事会の承認なしでＮＡＴＯが軍事力行使に踏み切ったことについて、ロシアは、グローバルな安全保障問題に関する意思決定プロセスから自国が排除されたとの認識を強く持った。[61]

さらにミュンヘンでのプーチン大統領は、ＮＡＴＯの拡大についても以下のように強い口調で批判を展開した。

「NATOの拡大が当該同盟の近代化や欧州の安全保障とは何の関連もないことは明らかだと思います。むしろ、相互の信頼レベルを引き下げる深刻な挑発になり得るものです。そして我々には尋ねる権利があります。この拡大は誰に向けたものなのか、と。そして、ワルシャワ条約機構が解体された後、我が西側のパートナーたちが保証したことはどうしてしまったのでしょう。それらの宣言は、今どこへ行ってしまったのでしょう。もはや誰もそのことを覚えてさえいないのです。しかし、ここでは聴衆のみなさんに、当時言われていたことを想起させていただきたい。1990年5月17日、ブリュッセルにおけるワーナーNATO事務総長の演説を引用したいと思います。この時、同氏はこのように述べていました。『我々がドイツの領域外にNATO軍を配置するつもりがないという事実は、ソ連邦に確固たる安全保障上の保証を与えるでしょう』。一体、その保証はどこへ行ってしまったのでしょうか?

ベルリンの壁から取った石やコンクリートブロックは、長らく土産物として売られていました。しかし、ベルリンの壁の崩壊は歴史的な選択の結果、可能となったこと――その選択は我々、すなわちロシア国の国民によるものを含みます――を忘れるべきではありません。これは、民主主義を、自由を、開放性を、そしてすべての大ヨーロッパの家族との誠実なパートナーシップを選び取るものでした。

そして今、新たな分断線と壁が押し付けられようとしています。この壁は仮想的なものですが、かつてと同じようにこの大陸を分断しつつあります。この新しい壁を解体するために、我々がまた何十年もの時間と何世代もの政治家たちを必要とすることもあり得るのではないでしょうか」

この演説の後、ロシアは冷戦後に停止されていた戦略爆撃機の空中パトロールを再開させ、カリブ海にまで派遣する一方、欧州における通常戦力の配備を制限するCFE（欧州通常戦力）条約の履行を停止すると宣言した。冷戦の再来ではないかという議論が高まったのもこの頃である。

２００８年に入ると、ロシアの神経を逆撫でするかのような出来事がさらに相次いだ。まず2月17日、旧ユーゴスラヴィアのセルビアからコソヴォ自治州が独立を宣言し、米国とEUがこれを承認した。セルビアとの関係が深く、しかもコソヴォの独立が自国のチェチェン問題に波及することを恐れていたロシアはこれを強く非難したが、ロシアの声は顧みられることはなかった。

これに対して、ロシアは南オセチアおよびアブハジアとの間で援助協定を締結し、両地域の独立を事実上承認するかのような動きを示した。NATOがロシアの反対を無視してコソヴォの独立を決められるならば、ロシアにも南オセチア・アブハジアを独立させる権利がある筈だというロジックである。戦後、ロシアが両地域の独立を正式に承認したことはすでに述べたが、これは以上のような経緯の延長上になされたものであった。

続く4月初頭には、さらに決定的な出来事があった。ルーマニアのブカレストで開かれたNATO首脳会議において、米国のブッシュ大統領がグルジアとウクライナのNATO加盟を正式に提案したのである。ロシアの反発を懸念する仏独の反対によって加盟に向けた「加盟行動計画（MAP）」の発出は見送られたものの、3日に採択された「ブカレスト宣言」では、民主化など国内改革の進展を条件に「両国がNATOのメンバーとなることに同意」し、さらに12月のNATO外相会議でMAP発出を決定することが取り決められた。[62]ロシアに遠慮しつつ、実質的には米国の意見を押し通した形と言える。

だが、ロシア側はMAPを「引き返し不能地点」と捉えていた。これまでのパターンでは、MAPに加えられた国々は後に例外なく正式加盟を果たしており、したがってグルジアとウクライナに対してMAPが発出されれば、両国の加盟はもはや秒読み段階であるとロシア側は考えたのである。実態としても、MAPはNATO加盟の重要なステップとして位置付けられていたことは間違いない。ヨーロッパの安全保障を専門とする小林正英が指摘するように、ブカレストでのNATO首脳会談でウクライナとグルジアへのMAP発出が重要な論点となったこと自体、「MAP参加がNATO加盟に直結するものであることを、逆説的に、あるいは間接的に、物語るものである」からだ[63]。

また、同年4月3日には、米国とチェコとの間でMD用レーダーの設置に関する合意がとり交わされている。東欧MD計画の具体化に向けた一歩であるこの合意は、「拡大すれども駐留せず（NATOを東方に拡大しても、そこに外国軍は駐留しない）」という、それまでロシアの体面を保ってきた暗黙の前提を崩すものであった[64]。第2章で述べたトレーニンの整理に従うならば、これは東欧におけるロシアの「利益圏」を侵すものであったと言える。

2008年8月に南オセチアで最初に火蓋を切ったのが誰であったのかについては現在も相反する多くの見解があり、ここではいずれかの勢力を名指しすることはしない。ただし、以上で述べたような大きな構図から見るならば、この戦争がロシアにとって「勢力圏」防衛戦争としての性格を有していたことは事実であろう。そして、ロシアの軍事力行使はたしかに所期の目的を果たしたと言える。つまり、グルジアが他の大国＝「主権国家」の勢力圏に組み込まれないこと＝消極的な「勢力圏」（影響圏）に留めることこそが軍事力行使の目標であり、たとえば領土の拡大といった古典的な戦争目的が追求されていたわけではないということだ（実際、南オセチアはロシアへの併合を求めているが、ロシアはこれを受け入れていない）。

こうした観点からするならば、グルジアの「占領された20％」は、同国をロシアの影響下に

アブハジア共和国バガプシュ大統領、南オセチア共和国ココイトゥイ大統領と握手を交わすメドヴェージェフ露大統領（2010年9月17日。肩書きは全て当時）

留めるために穿《うが》たれた杭の役割を果たしていると言えよう。同国がロシアとの紛争を抱えている限り、集団防衛機構であるNATOはロシアとの戦争を避けるために加盟を認めることはできないのである。

とはいえ、南オセチアとアブハジアの面積はそれぞれ3900平方キロメートルと8700平方キロメートル、人口は約5万4000人と24万4000人に過ぎない。産業も乏しく、事実上はロシアによる援助によってしか存在できない「国家」であることは明らかであろう。パワーが主権を規定するというロシア式の理解に則るならば、二つの「国家」が実際に主権を行使できる余地は極めて小さい。

軍事面を例にとると、南オセチアとアブハジアの保有する「軍隊」は1000～2000人程度の規模と見られ、現地に駐留するロシア軍抜きではグルジア軍に対抗できない。それだけに両「国家」の軍事力はロシアの強い影響下に置かれており、南オセチア軍に至っては2017年に主力部隊がロシア軍に編入されてしまった。一方、アブハジア軍では2015年から元ロシア軍人のフルリョフ中将が参謀総長を務めているが、同人は2008年のグルジア戦争当時、ロシア軍の最先鋒を担った北カフカス軍管区第58軍の司令官であった人物である。二つの未承認国家の実態が、ロシアによる「占領」であることは明らかであろう。

もう一つの「占領」

グルジアについての節を終えるにあたり、トビリシで目にしたもう一つの「占領」についても触れておきたい。

一日の予定を終え、夕食まで少し時間が余っていたので、国会議事堂に面した国立博物館を覗いてみることにした。40分後には閉館だという博物館内を駆け足で見ていくと、現代史の展示でギョッとさせられた。ソ連時代が「OCCUPATION」つまり「占領」と銘打たれているのである。主な展示内容は、内戦で銃弾の痕だらけになった貨車やKGB将校のデスクなど、いかにも暗い。グルジアにとっては、ソ連への加盟は自発的なものではなく、あくまでもロシアの共産主義体制に強制的に組み入れられたという立場を示すものだ。

トビリシ市内の国立博物館内、現代史の表示。「占領」の大きな字が目を引く

ただ、このような態度はグルジアに特有のものではない。タルトゥ大学のマカルィチェフが総括しているように、旧ソ連諸国の大部分は、ソ連が自国に対する「侵入者」であったとみなしているためである。[65]「占領」とまで呼ぶかどうかは別として、自発的な意思というよりはロシアから「妥協ができない形で」（マカルチェフ）併合を迫られたという認識は旧ソ連諸国の間でほぼ共有されている。次に述べるバルト三国のケースのように、実際の状況はこれほど単純ではないのだが、大きな構図としてそこに強制性が存在したこと自体は否定できまい。

2. ロシアに対峙するバルト三国

3回占領された国

グルジアを訪れてから3ヵ月ほど経った2018年の12月半ば、バルト三国のラトヴィアとエストニアを訪れる機会があった。

まず驚かされたのは、両国の首都であるリガとタリンに驚くほどソ連の面影がなかったことである。ロシア帝国によるバルト経営の中心地であったリガと、ハンザ同盟都市として発展したタリンとでは趣がだいぶ異なるが、どちらも欧州の美しい街並みをたたえており、「帝国」の中心であったモスクワのようにソ連式の粗末な建築がほとんど見当たらない。トラム（路面電車）だけはソ連風の古めかしいデザインだが、これはインフラの更新が追いつかないというだけでなく、ラトヴィアのリガ車両工場がソ連におけるトラム生産の拠点であったこととも関係しているのだろう。ソ連式建築もあるにはあるが、直線を多用したコンクリートの建築は（それはそれで一種の魅力をたたえているのではあるが）近代あるいは中世に遡る洗練された街並みからいかにも浮き上がっていた。

ラトヴィア占領博物館の正面入り口

そのリガの中心部、独立広場のほど近くに、「ラトヴィア占領博物館」という建物を見つけた。ひっそりとした館内に足を踏み入れてみると、ラトヴィアを含むバルト三国の歴史が3回の「占領」に分けて説明されていた。後述する独ソ秘密合意に基づいてソ連が行った最初の「占領」、第二次世界大戦中に進駐してきたドイツ軍による「占領」、そして反撃に転じたソ連による再度の「占領」の併合である。このように、ソ連への併合を「占領」と位置付ける姿勢は、ラトヴィアに限らず、バルト三国に共通のものだ。

18世紀に相次いでロシア帝国に編入されたこれら3ヵ国は、ロシア革命後の1918年に独立を宣言し、1920年のタルトゥ条約（エストニア）、リガ条約（ラトヴィア）、モスクワ平和条約（リトアニア）によってそれぞれソ連から独立の

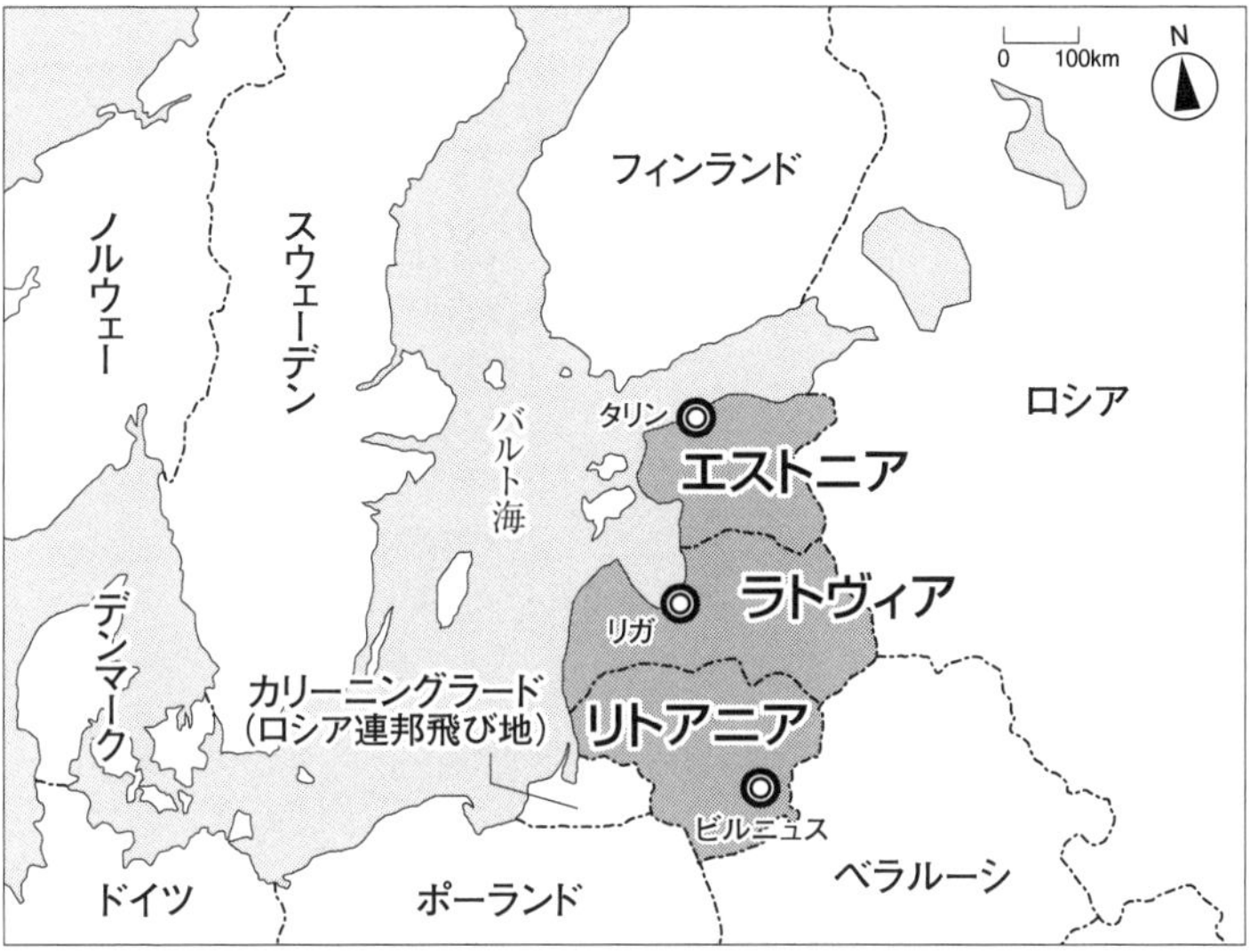

図４　バルト三国と周辺の国々

承認を得た。だが、それもつかの間、1939年の独ソ秘密合意（モロトフ＝リッベントロープ協定と同時に合意された秘密付帯議定書）に基づいてソ連はバルト三国に侵攻し、リトアニアの一部を除く大部分がソ連に併合されてしまう。その後、第二次世界大戦では進駐してきたドイツ軍の占領を受けるが、ソ連軍の反撃でドイツ軍が駆逐されると、再びソ連に編入された。1945年のヤルタ会談ではバルト三国の処遇も議題に上がったが、戦後のドイツをめぐる処遇やソ連の対日参戦、米国の国際連合構想に対するソ連の支持といった「ビッグ・ディール」の一環として、米英はソ連によるバルト三国支配を黙認した。

もちろん、これは当事国の頭越しに大国が決めたことであって、バルト三国にしてみれば全くあずかり知らぬことではある。また、バルト三国はソ連建国の法的根拠である1922年の連邦条約に署名しておらず、この点でも正統なソ連の構成国ではなかったと主張する余地がある（この点、その他の旧ソ連諸国は連邦条約に署名しており、若干事情が異なる）。また、ヤルタ会談で一度はソ連と密約を結んだ米国も、戦後にはバルト三国をソ連と認めない方針を打ち出し、自国の外交官にはこれらの地域を訪問しないよう通達していた。この他にも西ドイツ、フランス、英国、イタリアなどの西側諸国から、中国、イランなどの「第三世界」諸国、さらにはスイスのような中立国に至るまで、公式・非公式にバルト三国をソ連の一部とは認めなかった国は少なくない。

面白いのは日本の立場だ。１９４０年にソ連がバルト三国を併合すると、外務省は現地の在外公館を閉鎖し、これ以降、バルト三国を事実上ソ連領として扱ってきた。このため、日本の外交官はバルト三国に自由に旅行できたというが、最終的に日本としてのバルト三国の位置付けがどうなったのかは曖昧なままであり、１９９１年にはこの点が国会で議題となった。当時の海部首相が訪米した際、イラクによるクウェート侵攻をソ連のバルト三国併合になぞらえたことについて、社会党の武藤山治議員が予算委員会で次のように質問したのである。[66]

武藤議員：日本政府は、バルト三国の今の動きから独立が当然だと認識しているのか、それとも、あの三国はヤルタ体制以前に併合した地域であるからヤルタ体制の崩壊と同列ではないと理解すべきなのか。この辺は、一応外交的な立場から日本はどう認識しているのか、これは外務大臣でしょうかね。三国の独立運動は当然だと考えるか、それともあれは嫌なものを併合された、ヒトラーとスターリンの密約でやった話だからこれは認めないという立場なのか、日本政府はどちらの立場ですか。

中山外務大臣：私どもは、バルト三国のソ連邦への併合の歴史的な過程というものが厳存することは事実でございます。ちなみに、この機会に、どのような歴史でこうなっているかということも、少しお話を申し上げた方がよくおわかりだろうと思います。

1917年に結局ロシアの内戦の結果、連合軍の干渉によってバルト三国も混沌とした状態になった。1920年にエストニア、リトアニア、ラトビアがソ連との間に平和条約を締結した。39年にソ連はバルト三国と相互援助条約を締結して、赤軍の、つまりロシア軍の駐留権を獲得しております。そして、1940年にソ連は親ソ政権の樹立を要求いたしまして、リトアニア、ラトビア、エストニアに人民政府の成立が行われまして、8月3日から5日の間にソ連最高会議は新しく選出された三国の人民議会の要請を入れて三国のソ連邦編入を決議した、こういう一つの経過がございまして、9月の5日、日本政府は上記の通告を受けて在リガ公使館、在カウナス総領事館、タリン外交官出張事務所を閉鎖したというような、日本国とソ連との間のこの三国に関する関係がございます。

以上のような観点から、バルト三国の連邦からの離脱の動きにつきましては、これらの共和国の国民の意思が十分尊重されるべきものではないか。これが一つの側面でございますが、一方、ソ連邦全体としては、連邦と地方政府の根幹にかかわる問題でございますから、この難しい問題をどのようにゴルバチョフ大統領がこれからやっていかれるか。

武藤議員：バルト三国は、日本でいうと昭和15年ごろですね、ヒトラーとスターリンの相談で吸収されてしまった。日本政府は、結局それは認めたわけですね。アメリカは認めてないのですね。アメリカは51年間ずっとバルト三国の併合を認めてないのですよ。だから、アメリカの立場で言える主張と、承認をした日本の立場とはおのずから濃淡、違うわけですね。

以上のように、当時の中山外務大臣は、当時顕在化しつつあったバルト三国独立の動きについては「共和国の国民の意思が十分尊重されるべき」としつつ、「連邦と地方政府の根幹にかかわる問題」として断言を避けた。日本の国会においてバルト三国の法的地位に関する議論はこれ以上行われておらず、その後、ソ連が崩壊したことによって玉虫色のままとなったというのが実態であるようだ。

ところで、バルト三国がソ連時代の過去を「占領」と位置付けるのは、軍事力によって併合されたためばかりでもないだろう。バルト三国を支配下に置いたソ連の統治は、まさに「占領」であったためである。当時、ソ連は反ソ的とみなした多くの国民を逮捕し、その多くが処刑台や強制収容所に送り込まれた。スターリンの死後、恐怖政治はいくらか下火となるが、「占領」的な統治はソ連崩壊まで続いた。

同時に、「占領博物館」が、ソ連と並んでドイツをも占領者に数えていることは見逃されるべきではない。バルト諸国では政治・経済的エリートをドイツ系住民が占める一方、エストニア人、ラトヴィア人、リトアニア人といった原住民は農奴として過酷な立場に置かれる傾向があった。それゆえに、ロシア帝国の支配はドイツ人の支配を相対化するものという理解もバルト諸国の人々の間には存在していたのである。

ソ連との関係も、「独立を求めて戦うバルト三国vsこれを弾圧するソ連」という単純な構図で説明しきれるものではない。バルト三国の政治制度を専門とする中井遼が指摘するように、ロシア革命においては、エストニアやラトヴィアの都市労働者住民がボリシェヴィキ支持勢力の中で大きな比率を占め、結果的に「ソ連の産婆としての機能を果たした」からである。[67] さらにエストニアおよびラトヴィアでは、ソ連の支援を受けたボリシェヴィキ支持派と西欧諸国の支援を受けた反革命派が同胞同士で激しい内戦を繰り広げたし、ソ連併合後にはソ連人としての自覚を強く持つバルト諸国人も生まれた。

ソ連のボリス・プーゴ内務大臣などはその典型であろう。ラトヴィア人革命家の息子として育ち、ラトヴィア語よりもロシア語の方が堪能であったプーゴは、ゴルバチョフ大統領による連邦体制の再編が実質的に国家の分断になるとの危惧を抱き、1991年8月、クリュチコフKGB議長らとともに国家非常事態委員会（GKChP）を結成してクーデターを決行した。外交官時代にラトヴィアの独立運動家たちと深く関わった作家の佐藤優によると、こうした人々は揶揄的に「ラトヴィッチ」、つまり、ロシア化したラトヴィア人と呼ばれていたという。[68] ちなみにプーゴはクーデター後に拳銃自殺しているが、クーデター首謀者の中で自らの命を以て責任をとったのは、プーゴとアフロメーエフ参謀総長だけであった。

「歴史」と「現在」の交錯——国境問題とタリン事件

一方、バルト三国に関するロシア（ソ連）の立場は幾度か変遷している。当初、ソ連は独ソ秘密合意の存在そのものを認めず、バルト三国のソ連編入はあくまでも各国の自発的な意思によるものであると主張してきた。だが、1980年代に入ると、ゴルバチョフ政権のグラスノスチ（透明化）政策によって秘密合意の存在が明らかにされ、ソ連最高会議もバルト三国の併合には法的根拠がなかったとの決議を行うに至る（ただし、バルト三国はソ連構成国ではないとまで言っているわけではない）。こうした中で、ソ連体制の動揺を衝いて独立の機運を高めていたバルト三国は1989年に「主権宣言」を行い、ソ連崩壊の大きな契機となった。さらにバルト三国は2004年、NATOとEUに加盟しており、旧ソ連諸国の中では唯一、ロシアの消極的勢力圏＝影響圏を逃れて西側の勢力圏下に入っている。

これに対してソ連崩壊後のロシアは、バルト三国のソ連編入が合法的なものであるという立場を概してとってきた。バルト三国の併合が非合法なものであったとすれば、ソ連体制下で定められた国内国境（ソ連を構成する各社会主義共和国間の国境であり、その後、ロシアと旧ソ連諸国の国境となった）の有効性が疑問視されることになりかねないためだ。

たとえば1920年にボリシェヴィキ政権がエストニアの独立を承認した際の合意（タルトゥ条約）によると、両国の北部国境地帯を流れるナルヴァ川東岸がエストニア領とされていたほか、南部国境地帯のペツェリ（ロシア語ではペチョールィ）もやはりエストニア領ということになっていた。一方、1939年にエストニアがソ連に編入されると、エストニア・ソヴィエト社会主義共和国の領域はナルヴァ川以西とされ、ペツェリもロシア側に編入されている。仮にエストニアが非合法にソ連に併合されたのだと解釈した場合、法的にはタルトゥ条約がまだ有効であるから、エストニアはナルヴァ川以東とペツェリ地区を自国領としてロシアに要求できる筈である（実際、ソ連崩壊後のエストニア政府はこのような立場をとった）。一方、領土要求を退けたいロシア側としては、エストニアのソ連加盟は正当なものであったと主張せねばならない。こうして歴史が現在進行形の問題と直結するわけで、この点は北方領土がソ連に「併合」されたのか「侵略」されたのかをめぐる日露の紛争とも重なる部分があろう。

実際、ソ連崩壊後のロシアとエストニアは、なかなか国境を画定することができなかった。2005年にはナルヴァ川東岸とペツェリ地区のロシア帰属を認めることで一旦は合意が成立したものの（実効支配しているのがロシア側であることを踏まえてエストニアが大幅に譲歩した）、エストニア議会側が合意案の批准に際して「エストニアのソ連併合は違法であった」との付帯決議を付けたことにロシア側が反発。国境画定は仕切り直しとなり、国境画定合意が結ばれたのは2014年になってからであった。

また、ソ連という国家が違法な「占領」によって成り立っていたのだという主張は、ロシアのアイデンティティ問題という観点からも摩擦を生む。第1章で述べたとおり、現在のロシアにおける国家的アイデンティティは、「外敵の撃退」というイメージに少なからず結びついているためである。ロシアにしてみれば、第二次世界大戦におけるソ連の勝利は、ナチス・ドイツという人類悪から欧州を解放する戦いだったのであり、ロシア国民とはそのような歴史的偉業を共に担った同志としてイメージされる。当然、バルト三国においてもソ連は解放者として扱われなければならず、まして侵略者扱いされるようなことは断固として認められない。ソ連への併合を「占領」と位置付けているバルト三国の歴史観は、ロシアにしてみれば現在のアイデンティティを否定するものと映る。

2007年4月にエストニアのタリンで発生した出来事は、こうした歴史観のすれ違いが生んだものと言えよう。当時、エストニアでは、ソ連時代に作られたソ連軍兵士の像の移設問題が浮上していた。ヘルメットを抱えて首を垂れたソ連兵を象《かたど》ったこの銅像は、正式名を「ドイツ・ファシスト占領者からのタリン解放者の記念碑」といい、第二次世界大戦においてエストニアを「解放」したソ連兵を顕彰するために1947年に作られた。だが、1944年9月22日にソ連軍がタリンに進駐してきたとき、ドイツ軍はソ連軍と戦うことなく撤退したのであり、しかもソ連はその後、エストニアの独立回復を阻止して再併合してしまったのだから、彼らは「解放者」などではないという感情がエストニア側には根強くある。このため、ソ連崩壊後の1995年には、問題の像は「第二次世界大戦戦没者の記念碑」と改名されていた。

さらに2006年、エストニアの保守政党「祖国同盟」は、この像の破壊をタリン当局に働きかけた。当時のエストニア政府は、国内のロシア系住民に配慮して像を郊外の戦没者墓地に移設するという決定を下したが、この決定はエストニア民族主義者とロシア系住民の双方に強い不満を引き起こした。前者にとってソ連兵の像がタリンの中心部にそびえていることは「占領」の象徴であったのに対し、後者にとっては自分たちがエストニアの合法的な国民であること（これについては次で述べる）の根拠と受け取られていたためである。この結果、像の移設を直前に控えた2007年4月26日の夜に像の移設に抗議するロシア系住民と警察の衝突が発生し、ソ連崩壊後のエストニアで最大規模の暴動（「ブロンズの夜」）へと発展した。

さらに4月27日には、エストニアの政府機関、メディア、銀行システムなどに対する大規模なサイバー攻撃が開始された。サーバーの処理容量を超える膨大なアクセス要求を行うことでコンピューターシステムの動作を不可能にする分散型サービス拒否（DDoS）攻撃が行われ、世界で最もIT化が進んでいるとされたエストニアの社会システムが麻痺状態に陥ったのである。のちに「タリン事件」と呼ばれるこの出来事は、サイバー攻撃が一国の首都機能を麻痺させた初の事例とされ、のちにNATOによるサイバー攻撃対処マニュアル（通称「タリン・マニュアル」）策定の契機となった。

しかも、この攻撃はそれまで知られていたDDoS攻撃のような一過性のものではなく、数週間にわたる継続的な攻撃であった点が注目される。[69] 攻撃には世界50ヵ国のコンピューター100万台以上が参加していたというが、多くのコンピューターの所有者は攻撃に参加したという自覚はなく、何者かにコンピューターを乗っ取られて「ゾンビ」化させられていたようだ。これだけ大規模なサイバー攻撃を誰が行ったのかは現時点でも明らかでないが、ロシア政府が何らかの音頭をとった疑いは濃厚とされている。[70] 同様の攻撃は、前述した2008年のグルジア戦争の際にも行われた。

国籍のない人々と情報空間をめぐる戦い

「ブロンズの夜」事件をめぐる経緯からも明らかなように、バルト三国には依然として多くのロシア系住民が住んでいる。ロシア帝国時代にもロシア系住民はバルト地域の各地に居住していたが、第二次世界大戦後のソ連政府は、ロシア系住民の植民を一層積極的に進めた。特に前述のナルヴァ地方の場合、戦時中に難民として他地域に逃れていたエストニア系住民の帰還が禁じられる一方、ロシア系住民を優先的に入植させる政策がとられた結果、現在でもロシア系住民の比率が極めて高い。

この他にも工業地帯や都市部ではロシア系住民の比率が比較的高い傾向があり、エストニアでは全国民中の24・9％、ラトヴィアでは25・2％にもなるという。他方、ロシアと国境を接さず、工業よりも農業が主であったリトアニアでは事情がやや異なり、ロシア系住民の比率は5・8％ほどでしかない（図5～7）。

このような事情を抱えるエストニアとラトヴィアはソ連末期以降、エスノクラシー（エトノクラシヤ）と呼ばれる排他的な民族政策をとり始めた。エストニア語およびラトヴィア語を喋ることができないロシア系住民には国籍を付与しないという方針が採用されたのである。この結果、両国は大量のロシア系住民を無国籍者として抱え込むことになった。

それだけに、両国はロシア系住民の存在を口実とするロシアの介入に対して極めて警戒的である。ことにロシアが２０１４年、クリミア半島のロシア系住民の保護を掲げて軍事介入を行ってからはその傾向が顕著で、３ヵ国とも軒並み国防費を増額させているほか、リトアニアなどは一度廃止された徴兵制を２０１５年から再開した。また、リトアニア政府は外国の侵略

図5 エストニアの民族構成（2018年）71

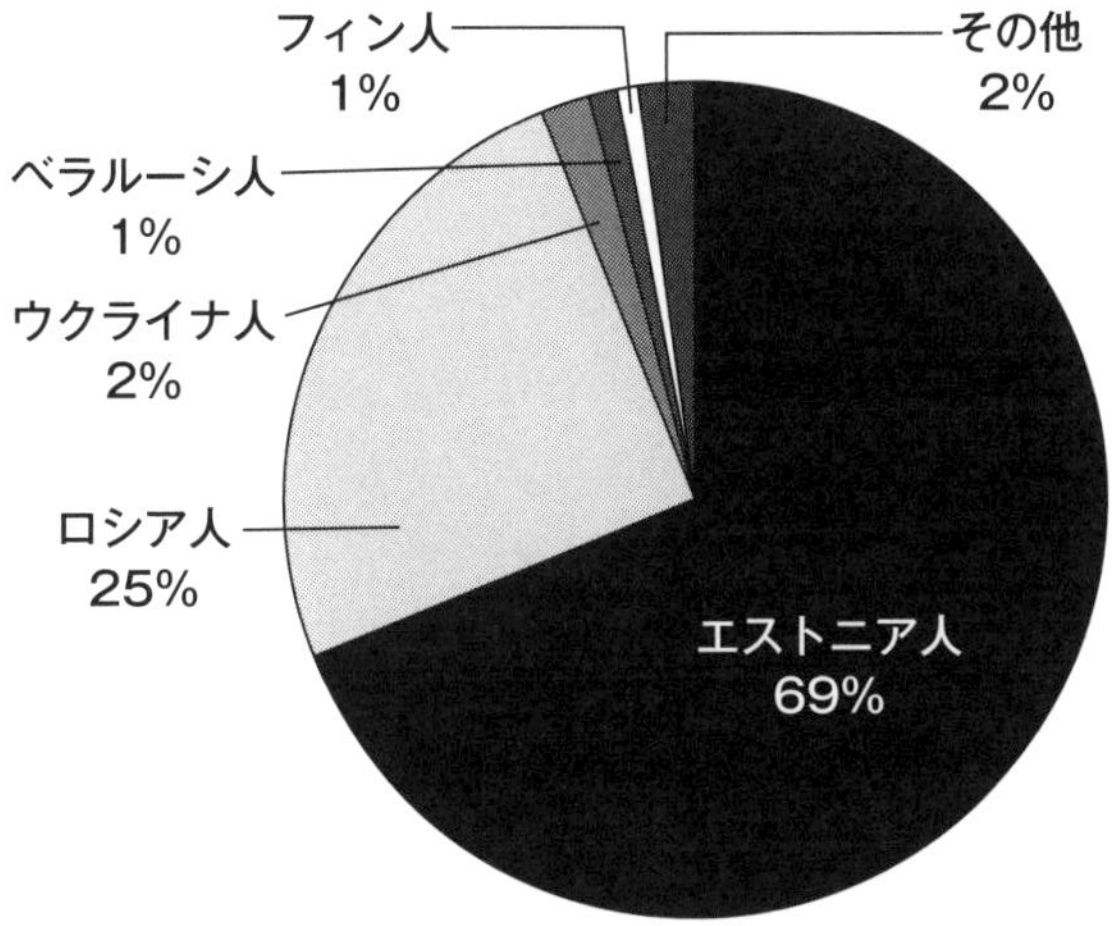

図6 ラトヴィアの民族構成（2018年）72

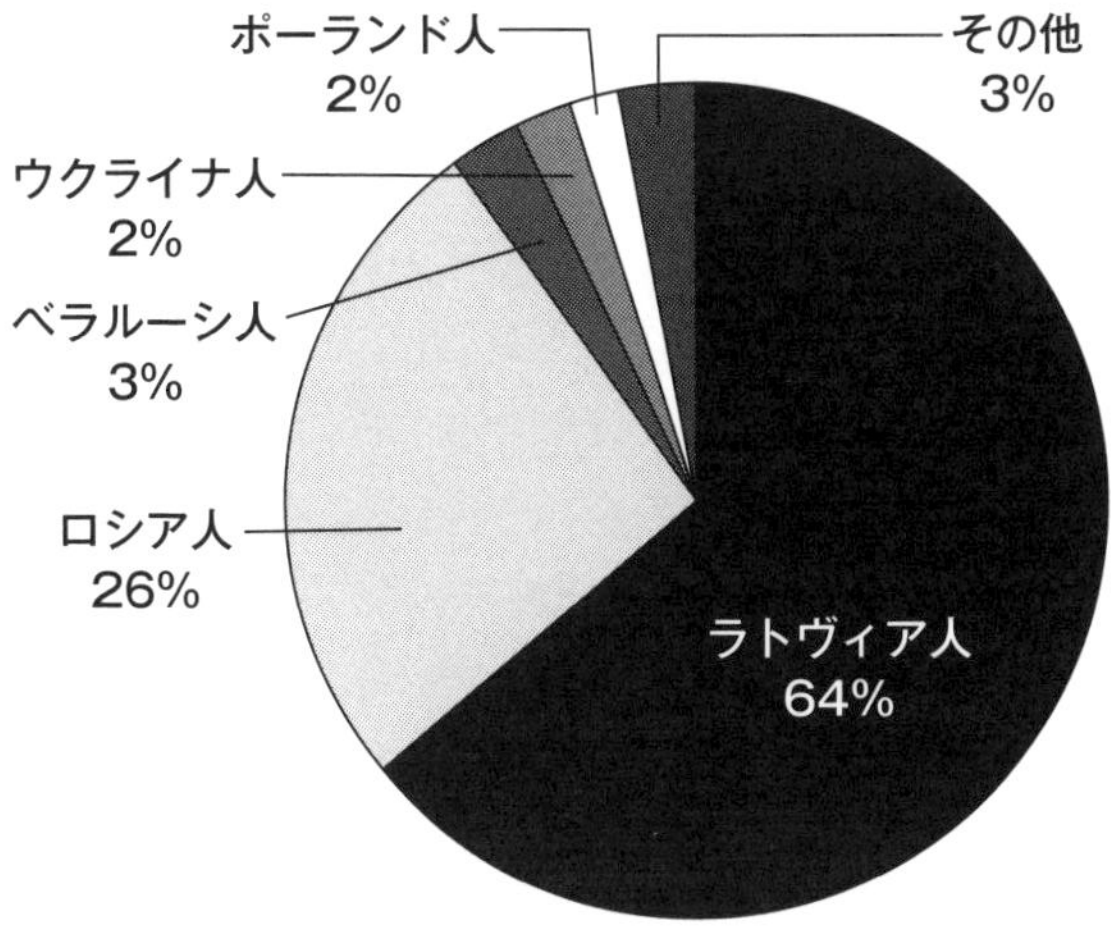

図7 リトアニアの民族構成(2011年)[73]

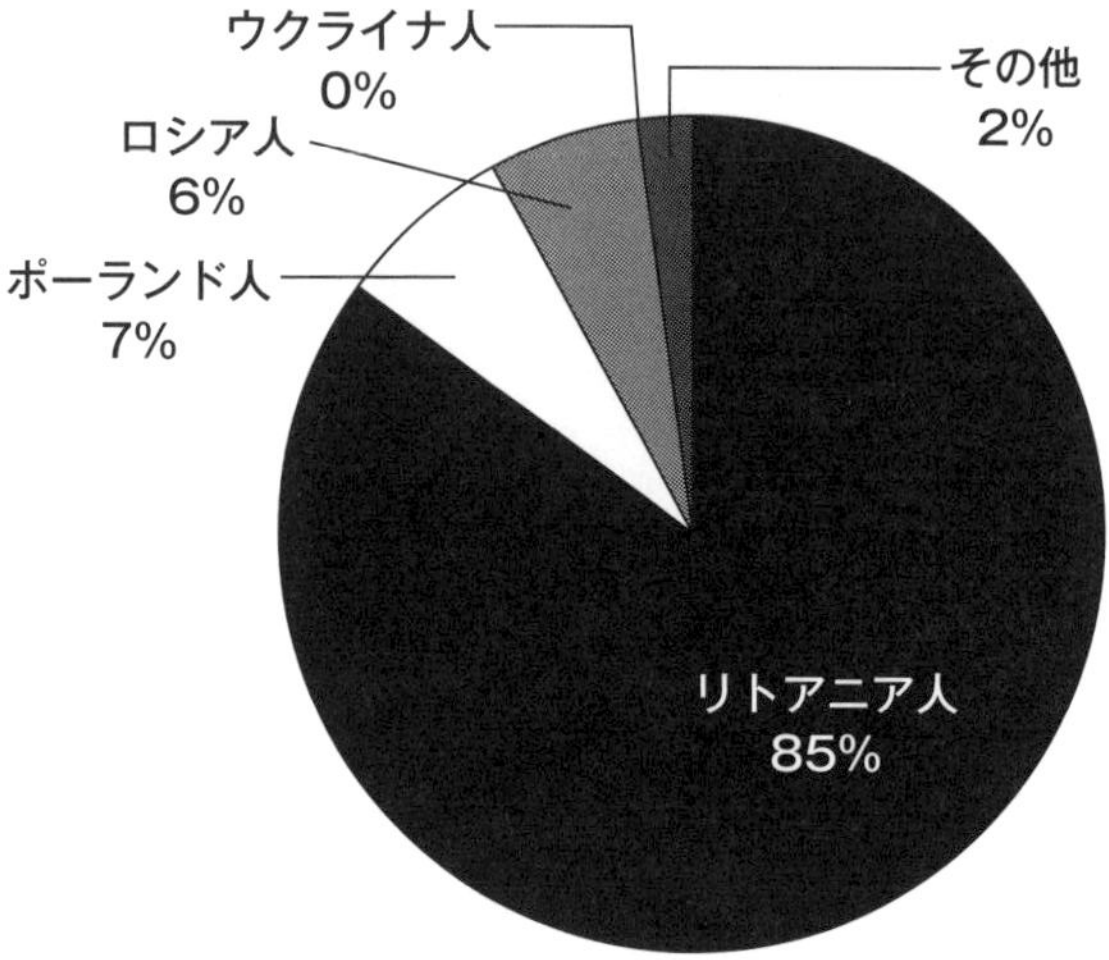

を受けた場合の心得を説くパンフレットを2015年から一般向けに配布しているが、最近のバージョンでは火炎瓶の作り方を説明するなど、その内容もいよいよ実践的になってきた。バルト三国の正規軍はいずれも総兵力1万人前後に過ぎず、有事には武装した一般国民による民兵戦略に頼るほかないためである。

ただし、バルト三国に対してロシアが正面から軍事的侵略を仕掛けてくるというシナリオは、やや荒唐無稽であろう。米国防総省系のシンクタンクであるRAND研究所は2016年、現在のロシア軍の能力を以てすれば36時間から60時間以内にリガまたはタリンないしその両方を陥落させられるというシミュレーション結果[74]を発表して注目を集めたが、これは純粋な軍事バランス上の話である。NATO加盟国となったバルト三国に対して公然と侵略を行えば、どのように言い繕おうとも集団防衛措置を定めた北大西洋条約第５条が発動することは避けられず、それはロシアが現実的に選択可能な振る舞いではない。[75]

一方、バルト三国がより差し迫った実際的脅威として警戒しているのが、ロシア系住民に対する「影響力作戦」である。すでに述べたように、エストニアとラトヴィアには大量のロシア系住民が居住しており、ロシア語以外の言語を解さない人々や、「無国籍者」の待遇に不満を抱いている人々は少なくない。

先に述べたソ連軍兵士像をめぐる問題にしても、不安定な状況に置かれたロシア系住民にとっては、この像に象徴される「解放者としてのソ連」という歴史認識が抜き差しならない重要性を有していたがために先鋭化したという側面がある。つまり、ソ連軍が侵略者なのか解放者なのかという問題は、バルト三国のロシア系住民が侵略者やその子孫であるのか、合法的な移住者であるのかという問題に直結している。こうした不安を抱える人々に対してロシアが歪曲された情報を吹き込み、国内体制を動揺させてくるのではないか――というのがバルト三国の安全保障にとってのよりリアルな脅威認識なのである。

たとえばエストニア国内保安庁の２０１７年版年報（本書執筆時点における最新版）を読んでみると、同国の政府機関が「チャンネル５」や「ＲＥＮ　ＴＶ」といったロシアのテレビ局の放送内容を強く警戒していることがわかる。「エストニアにおいてはロシア系住民が迫害されている」、「ナチス協力者が優遇されている」といった偽情報（フェイクニュース）をこれらのテレビ局は発信しているためだ。前述の「占領か、解放か」といった問題についても、ロシアが歴史研究の体裁で自国に有利な歴史解釈を定着させようとしていることを年報は指摘している。[76]

最近では、インターネット上のフェイクニュースも問題となっている。2014年のウクライナ危機において、ロシアはメディアやインターネットを総動員して「ロシアは介入していない」「ロシア系住民を迫害から守るための正当な介入だ」「ウクライナ政変の背後には米国がいる」「ウクライナの新政権はネオナチだ」といった情報を広く拡散した。2016年の米国大統領選でも、ロシアがサイバー攻撃と並行してインターネット空間における情報戦を展開していたことはすでに広く報じられているとおりだ。媒体が伝統的なメディアであるのかインターネットであるのかを問わず、「情報」が国家間関係においてこれまでにない力を持つ時代が訪れつつあると言えるだろう。

こうした状況に対して、2014年7月にラトヴィアのリガに設置されたのがNATO戦略的コミュニケーション卓越研究拠点、通称「NATOストラトコムCOE」である。インターネット空間における情報戦、特にロシアによるそれにNATO加盟国が如何に対処するかを研究するための拠点だ。筆者がラトヴィアを訪れたのも、この研究所が主催する国際セミナーを聴講するためであった。

リガ中心部のホテルで開かれたセミナーのタイトルは「ソーシャルネットワーキングサービス（SNS）の悪意ある利用に対抗する」。TwitterやFacebookといったSNSがフェイクニュース作戦の「戦場」となりつつあることを踏まえたものだ。会場内にはEUのモゲリーニ上級外交代表も姿を見せるなど（護衛や秘書も連れずにふらっとその辺を歩いているあたり、日本とはずいぶん感覚が違う）、欧州内における情報戦への関心の高さが窺われる。

セミナーでは、フェイクニュースとその対抗策に関する最新の知見が各国の研究者や企業担当者から披露された。たとえば自動的にフェイクニュースを投稿する「ボット」アカウントの多くがロシアで運営されていること、それらを自動的にブロックする対策が進んでいること（ウクライナはロシア企業の運営するSNS自体をブロックした）、ごく安価な金額でネット上の投稿に「いいね！」を大量につけるサービスが隆盛を極めており、これを利用すれば偏った意見でも支持を集めているように見せかけられることなど、発表内容はいずれも興味深いが、紙幅の制限もあるのでここではすべてを紹介することは控えよう。

一点だけ、強く印象に残った点を記しておくと、多くの有識者は今後のフェイクニュースが人工知能（AI）の深層学習（ディープ・ラーニング）を活用した「ディープ・フェイク」になっていくだろうとの見通しを示していた。現在の「ボット」アカウントは同一内容の投稿を機械的に繰り返すだけであり、したがって発見・ブロックは比較的容易である。だが、技術的にはAIが人間の自然な会話を模倣し、他のユーザーにそれと気付かれない形でやり取りをすることはすでに十分可能になりつつあるという。こうなると、一目でそうとは気付かれない巧妙なプロパガンダをインターネット上で大量に展開することも可能となるだろう。「ディープ・フェイク」には多大のコンピューター・リソースを必要とするため、まだロシアは「実戦投入」できていないというのがセミナー開催当時の結論であったが、技術的に可能である以上、いつかはサイバー空間の「戦場」に登場する可能性が高い。

セミナーの翌日には、NATOストラトコムCOEの本部で所長が筆者らとの面談に応じてくれた。リガの中心地からダウガワ川を挟んだ場所にあるNATOストラトコムCOEの建物はこぢんまりした白塗りの建築で、正門に並ぶ各国の国旗とNATO旗を除けば軍事同盟の研究所という雰囲気はまず感じられない（入り口では制服を着た軍人のセキュリティ・チェックがあるが）。この小さな研究所の会議室で、流暢な英語を操る所長はコーヒーを飲みながら次のように説明してくれた。

現在、ラトヴィア国内のロシア系住民は主に三つのカテゴリーに分けられる。すなわち、積極的にラトヴィア国民への統合を目指す層、利益の得られる方につく浮動層、そして依然としてロシアにシンパシーを抱く層だ。ただ、最後の層はロシア語しか喋れない高齢者に多く、独立を回復（これまで繰り返してきたように、ソ連時代も主権は保持したまま「占領」されていたというのがラトヴィア側の認識である）してから四半世紀を経た現在では減少傾向にある。

ロシアによる情報戦の影響力も単純には捉えられない。ラトヴィア語を公用語とし、ロシア語を外国語と位置付けた国語法が1999年に施行された際には、ロシア政府の支援を受けたロシア系住民が大規模な抗議行動を展開したが、親ロシア的な住民が減少しつつある現在ではこの種の動きはあまり見られないという。

代わってロシア政府が目指しているのは一種の「シニシズム（冷笑主義）」を広めることだというのが所長の説明であった。つまり、民主主義やラトヴィア国民の統合といった価値観に疑問を抱かせ、ラトヴィアの国家的一体性を脆弱化する方向にロシアの介入がシフトしつつあるということだ。仮にロシアの戦車部隊がリガになだれ込んでくることはないとしても、ラトヴィアのロシアに対する不信感は依然として極めて根強いことを痛感させられる。

ちなみに、NATOストラトコムCOEのセミナー会場ではシリコン製のブレスレットが記念品として出席者に配られていた。筆者も一つ貰ってみたが、そこには次のような言葉が印刷されていた。

旧市街の中心部にあるアレクサンドル・ネフスキー聖堂

"PERCEPTION BECOMES REALITY"（認識は現実になる）

人々の認識を戦場とし、情報を武器として戦う時代を象徴するような警句であろう。

対峙する「独立」と「併合」

ダウガワ川の河畔に広がるリガが比較的平坦な街であるのに対し、タリンは街の中心部が小高い丘になっている。中世の城壁に囲まれた丘の上へ上がっていくと、黒い丸屋根をいただいた正教の聖堂が聳《そび》えていた。その名をアレクサンドル・ネフスキー聖堂という。かなり巨大なもので、内部を覗いてみると、エストニアのロシア帝国併合200年を記念して建てられたものであるということが革命前の古いロシア語正書体で記されてい

エストニア議会。正面玄関の上に「1918」と「2018」の文字が見える

た。隣にある古い建物は、ロシアのピョートル大帝が初めてエストニアを訪れた際に滞在した建物だそうだ。

一方、聖堂の向かいに建つのはエストニア議会である。ピンク色の壁を持つなかなか可愛らしい建物で、2019年4月には、エストニアの国会議員に当選した大相撲の元把瑠都関がここに初登院する様子が日本でも報じられた。

筆者が訪れた当時、議会の正面には、「1918」と「2018」という二つの数字を象ったイルミネーションが輝いていた。前者はエストニアがロシア帝国からの独立を宣言した年で、2018年は独立から100周年に当たることを示すものだ。ロシア帝国への編入を記念する聖堂と、ロシアからの独立を誇る議会とが向き合う光景は、エストニアという国の置かれた複雑な立場を象徴するようでもある。この「２０１８」のシンボルは、当時、タリンの街中の至るところで見られた。

丘をさらに上がった一帯には、首相府や各省庁の庁舎、各国の大使館などが並ぶ官庁街が広がっている。と言っても、中世の古い街並みが残る風景は実用一辺倒の霞が関とは全く雰囲気が異なっており、そうと言われなければ官庁街だとはまずわからないだろう。石畳の通りを歩くのもほとんどは旧市街を見物する観光客であるようだった。

丘の上の首相府で、首相府の安全保障担当補佐官と面談することができた。中心的な話題はやはりロシアによる情報戦であったが、その最中、筆者はほんの雑談のつもりで次のような話題を持ち出してみた。タリンの街中では思ったより随分ロシア語が通じるようだ。それも聞いていたように年寄りばかりではなく、若い人もロシア語を喋るので驚いた……だが、筆者の発言はかなり微妙なところに触れるものであったようだ。それまでにこやかに筆者の質問に応じてくれていた補佐官は露骨に嫌な顔をすると、「クリスマスの時期だから観光客が多いんでしょう」とだけ述べて話題を打ち切ってしまった。だが、人口構成比から考えてもロシア人がそう少ない筈はない。市街地のショッピングセンターにはロシアで見かけるのとそっくりなスタローヴァヤ（ロシア式食堂）まであって、店内ではロシア語が「標準語」として通用していることに強い印象を受けてきたばかりだったのだが。

首相府からの帰り道、議会の隣に設けられた売店に寄ってみた。議会のロゴが入った土産物などを売る店で、中年の女性が一人で店番をしている。あれこれと土産物を物色するついでに「あなたはロシア語を話すんですか」と聞いてみると、「ロシア語は話さない」という返事が返ってきた。「正直に言うとロシア人は嫌いなのよ。あの聖堂も嫌い」と女性は窓の外の聖堂を示して見せる。だが、その言葉はロシア語で発せられたもので、さっきまでの英語よりは確実に流暢なようであった。

第4章

ロシアの「勢力圏」とウクライナ危機

私は10月の初めにキエフでの仕事を終えた。慣例に則って私はワシントンに帰任報告を送り、その中でウクライナおよび米宇関係に関する予測をまとめた。ここで私が述べたのは、（中略）多くのロシア人がウクライナが独立国になったという事実をよく理解していないということと、ＥＵがウクライナを支えることに非常に消極的であるということであった。[77]

——スティーブン・パイファー（元駐ウクライナ米国大使）

ジョージ、ウクライナは国家でさえないんだ！[78]

——２００８年のブカレストＮＡＴＯ首脳会議において、プーチン大統領がブッシュ大統領に述べたとされる言葉

1．「ほとんど我々」としてのウクライナ

ブレジンスキーの予言

旧ソ連諸国に対するロシアの対外介入について述べるにあたっては、2014年のウクライナ介入を避けて通ることはできないだろう。その詳細に立ち入る前に、ロシアから見たウクライナの位置付けについて概観しておきたい。

第1章で紹介したブレジンスキー元米大統領補佐官は、ウクライナの地政学的重要性をかねがね強調してきた。ウクライナの国土は約60万平方キロメートルと日本の1・6倍もあり、欧州ではロシアに次ぐ第2位の面積を誇る。人口もソ連崩壊当時は5200万人近くおり、旧ソ連で指折りの重工業地帯と農業地帯を抱えるなど、そのポテンシャルは極めて大きかった。それゆえに、ウクライナを勢力圏内に留めておけるかどうかは、ロシアがアジアから欧州にまたがる「ユーラシア帝国」でいられるのか、それとも「アジアの帝国」になってしまうかの分水嶺であるというのがブレジンスキーの主張である。[79]

ブレジンスキーが生まれたポーランドのベレジャニは、現在ではウクライナ西部に当たる。

彼のウクライナ重視にはそうした思い入れがないとは言えないだろう。ただ、RAND研究所のチャラップとハーバード大学のコルトンが言う「狭間の国々（In-Betweens）」――すなわち西側とロシアに挟まれた欧州部の旧ソ連諸国（アルメニア、アゼルバイジャン、ベラルーシ、グルジア、モルドヴァ、ウクライナ）の中で、ウクライナの存在感が圧倒的であることもまた、たしかである。これら6ヵ国の全面積（96万2762平方キロメートル）中、ウクライナは約6割を占めており、人口に至っては6ヵ国中の63％にもなった[80]（ソ連崩壊当時の数字）。ここまで見てきたロシアの介入が、「狭間の国々」をロシアの勢力圏内に留めるための行動であったことを考えるならば、ウクライナがその本丸であったという見方は決して過大評価ではあるまい。本章の第4節に示した旧ソ連諸国の軍事力比較を見ても、ウクライナが旧ソ連の中でロシアに次ぐ国であることは容易に読み取れよう。

旧ソ連の巨大国家としては、この他にもカザフスタン（国土面積は約272万平方キロメートルで日本の7倍、人口は1840万人）がある。ただ、カザフスタンがイスラム教徒であるカザフ族を中心とする国家であるのに対し（ただし、ロシア系住民も依然として全体の2割を占める）、ウクライナはベラルーシと並ぶ「スラヴの兄弟」である点がアイデンティティの面からも同国を特別の存在としてきた。

ウクライナ人とベラルーシ人は民族的にも、言語・宗教・文化などの面からもロシア人との

図8　ウクライナと周辺の国々

共通性が高く、時に「ほとんど我々」とも呼ばれる。そして、ロシアの地政学思想においては、こうした人々を含む広義の「ロシアの民」が地理的概念としてのロシアの広がりとして理解されてきたことは第1章で見たとおりだ。この意味では、「ほとんど我々」＝「ロシアの民」であるウクライナとベラルーシは、ロシアの勢力圏の核（コア）を構成するものと言える。

たとえば第1章で紹介したソルジェニーツィンは、１９９０年当時、すでに崩壊の兆しを見せていたソ連の今後について、次のように述べた[81]。第一に、「ロシアの民」が暮らすロシア、ウクライナ、ベラルーシ以外の各共和国は、「間違いなく、しかもあと戻りしないように分離」させてしまうべきだと言う。というのも、「われわれにはこの帝国を支える力がな」く、むしろ重荷になってさえいるからだ。しかし、第二に、ウクライナ人とベラルーシ人はロシアの「同胞」である。したがって、ソ連が解体されてもこの三民族は一つの国家の下に留まらなければならないというのがソルジェニーツィンの主張であった。

この意味では、前述したウクライナという国家の巨大さはさらに大きな意味を持ってくる。「ほとんど我々」を構成する東スラヴ三ヵ国（ロシア、ベラルーシ、ウクライナ）のうち、ベラルーシは面積約20万８０００平方キロメートル（日本の約半分）、人口約９４９万人という小国に過ぎない。この意味で、ウクライナの去就はロシア国外の「ロシアの民」をどれだけ勢力圏内に留めておけるかに直結する問題であるということになる。

クジラが猫に？

ただし、ロシアとウクライナの文化的相違は意外に大きい。ルーシの中心がキエフから現在のロシア側へと移行していった後、ウクライナの地は、ロシア、ポーランド、リトアニア、トルコ、さらにはクリミア・タタールといった列強の干渉地帯（「荒れ地」と呼ばれた）となり、外国の影響を強く受けた。さらには軍事的共同体であるコサックによる国家（ヘトマンシチナ）が17世紀に成立するなどした結果、ロシアとは微妙に（時に大きく）異なる文化が育まれたのである。ちなみにボルシチやカツレツといったおなじみの「ロシア料理」も元々はウクライナの民族料理である場合が多く、本来はウクライナ文化であるものが「ロシア」という括りに入れられることで覆い隠されてしまうという構図も指摘できよう。

このような歴史的経緯の差は、言語にも表れている。ロシア語とウクライナ語の文法はよく似ているが、発音は微妙に異なっており、ロシア語の男性名「ニコライ」はウクライナ語では「ムィコラ」、ロシア語で「キエフ」と発音されるウクライナの首都は、ウクライナ語では「キーウ」となる。また、「軍隊」はロシア語で「ヴァアルジョンヌィエ・シールィ（вооружённые силы）」だが、ウクライナ語では「ズブロイニ・シーリ（збройні сили）」と、明らかにポーランド語の影響が見られる（ポーランド語では「シーリ・ズブロイネ（siły zbrojne）」）。発音にしても語彙にしてもウクライナの言語は独特のものであって、簡単に「ロシアの民」と括られることには抵抗があろう。

また、似ているということが常に親近感を生むとは限らない。気安いがゆえの侮り、蔑視、あるいは近親憎悪が生まれることもある。ロシア人がしばしばウクライナ語を「粗野なロシア語」とみなし、ウクライナ語話者を格下のように扱うのはその一例であろう。ある劇場ではシェイクスピアの「マクベス」をウクライナ語で上演したところ、ロシア人の観客から失笑が漏れたという。「平安時代の宮廷人たちが東北弁を喋っているようなものですよ」と言われると、たしかにそれはおかしみを誘う風景ではあるかもしれないが、やはりそこには悪意のない差別意識が含まれてはいる。

ウクライナ危機の際には、クリミアを占拠したロシア軍特殊部隊の兵士に向かって猫が「ありがとう、もうキート（кіт）じゃなくなったよ」と話しかけているコラージュ写真が出回った。猫はウクライナ語で「キート（кіт）」、ロシア語では「コート（кот）」である。クリミアがロシアに併合されたことで猫もロシア語で呼ばれるようになったというわけだが、なぜ「ありがとう」なのだろうか。おそらくウクライナ語の「キート」がロシア語でクジラを意味する「キート（кит）」のように聞こえることに引っ掛けているのだろう。「ロシア軍のおかげでクジラから猫に戻れた」＝「猫もクリミア併合を歓迎している」というニュアンスがそこにはある。

ロシアも非常時には猫の手を借りるのである。

2.「勢力圏」からの脱出を目指して

独立から「オレンジ革命」へ

このようなウクライナの独自性と、ロシアとの共通性は、ソ連崩壊後の同国の歩みにも独特の方向性を与えた。ソ連崩壊後、新生ウクライナはロシアの勢力圏からの脱出を目指したが、これは簡単なことではなかった。国際価格の数分の一という安価で供給されるロシア産天然ガスなくしては、ウクライナ経済は立ち行かないためである。自国を通過するロシアの天然ガス・パイプラインから多額の通行料収入を得てもいること、多くの工業製品や農産物がロシアに輸出されていること、ヒト・モノ・カネの往来が活発なことなどを考えても、ロシアとの関係を簡単に絶つわけにはいかなかった。

軍需産業を例にとると、ソ連崩壊後のウクライナはロシアが必要とする様々な軍需品の供給国となったが、ウクライナもまたロシアの協力なくしてはこれらの製品を生産することはできなかった。ソ連時代に築かれたサプライ・チェーンは複雑なものであり、ウクライナのような工業国であっても単独で生産できないものの方が多かったのである。[82]

したがって、1990年代のウクライナはロシアの勢力圏からそう急いで出て行こうとしていたわけでない。むしろ当時のウクライナは、思ったよりも早くNATOの東方拡大が始まったことと、それがロシアを苛立たせるであろうことにかなり神経質な反応を示していたように見える。米国務省の職員として長くウクライナに勤務し、最後は駐ウクライナ大使を務めたスティーブン・パイファーの著作から、象徴的な一節を以下に引用しておこう。[83]

「(前略) ウクライナ指導部が恐れているのは、ロシアの勢力圏に入れというモスクワからキエフへの圧力が、NATO拡大によって強まることだった。ウクライナは(訳注：NATOの) 拡大には反対ではないが、加盟までしようというわけではなく、さりとて将来そういうことになる可能性のドアを閉ざしたくもなかったのである。キエフが関心を有していたのは、NATOとのある種の特殊な関係であった」

したがって、ウクライナは当初、ロシアとの関係も悪化させないよう配慮しつつ、西側との関係深化も目指すという多角的な対外政策をとった。ソ連によって「占領」を受けたという立場をとり、CISにも加盟しなかったバルト三国とは異なり、ウクライナはソ連時代の過去を全否定することなくCISにもオブザーバー参加するなど、ロシアに対して一定の配慮を示した（一方、バルト三国は最初から加盟を拒否した）。他方、1994年にEUとの「パートナーシップおよび協力協定（PCA）」を、同年NATOとの間で「平和のためのパートナーシップ（PfP）」を結ぶなど、西側との関係も少しずつ進展し始めた。

2000年代に入ると、ウクライナはもう一歩踏み込んだ西側への接近路線をとるようになった。当時のクチマ政権は、ウクライナのEUおよびNATOへの加盟を目指す方針を掲げると共に、ロシアの影響圏脱出を図る国々の協力枠組みであったGUAM（グルジア、ウクライナ、アゼルバイジャン、モルドヴァの頭文字をとったもの。一時期はここにウズベキスタンも加わってGUUAMとされていた）を常設機構化し、その事務局を首都キエフに設置した。また、2003年には米国のイラク戦争を支持し、ウクライナ軍をイラクへ派遣する決定を行ったほか、安全保障政策の基礎を定めた「国家安全保障法」もウクライナのNATO加盟による欧州への統合を正式に謳うようになった。第3章で述べたように、2000年代初頭のプーチン政権は米国との関係改善を積極的に模索しており、このような米露関係の下であればウクライナが平和裡にNATO加盟を果たすことも不可能ではないと考えられたのである。

だが、このような動きはやはりロシア側の懸念を呼ばずにはいられなかった。この当時、すでにNATOとEUの拡大がかなり進行しており、特に2004年には旧ソ連からもバルト三国が両機構への加盟を果たしていたから尚更であろう。

そこでロシアは、２００４年のウクライナ大統領選挙において、親露的傾向の強い（というよりも利権次第でどのようにでも取引ができると見られていた）ヤヌコーヴィチ首相を次期大統領候補として強力に支援し、ウクライナのＮＡＴＯ加盟など、親西側的な対外政策を掲げていたユシチェンコ元首相の対抗馬とした。露骨な選挙干渉である。

ロシアの支援もあって、11月に行われた大統領選ではヤヌコーヴィチが一度は勝利した。だが、ユシチェンコ候補の支持者がこれを不正選挙であるとして大規模な街頭行動に発展する。欧米諸国もこれに同調して選挙のやり直しを支持したため、最高裁判所の決定による超法規的措置で投票が仕切り直され、今度はユシチェンコ候補が勝利した。いわゆる「オレンジ革命」である。ユシチェンコ政権はＮＡＴＯ加盟を掲げる一方、ロシアが主導する旧ソ連諸国内の経済統合構想「共通経済空間（ＥＥＰ）」からも距離を置くなど、ロシア離れの姿勢が顕著となった。

ただし、ユシチェンコ政権は間もなく政権内対立によってレームダック状態に陥り、２００８年８月のグルジア戦争後には、ウクライナのＮＡＴＯ加盟問題は（グルジアともども）棚上げになったかに見えた。さらに２０１０年の大統領選挙では再びロシアの後押しを得たヤヌコーヴィチ候補が大統領に当選したことで、ウクライナを「失う」危険性は当面遠のいたかのように見えた。ヤヌコーヴィチ政権下で策定された外交政策の指針「対外政策ドクトリン」において「非ブロック主義」が明記され、NATO加盟方針が正式に取り下げられたことはその一つである。さらにヤヌコーヴィチ政権は、期限切れが迫っていたクリミア半島のセヴァストーポリ海軍基地（ロシア海軍黒海艦隊の母港）の租借期限を25年延長することにも同意し、事実上、ロシアの消極的勢力圏下に留まる方針を示した。

プーチンの「ユーラシア連合」構想とEUの「近隣諸国政策」

２０１２年に大統領選を控えていたプーチン首相（当時）は、２０１１年秋から２０１２年初頭にかけて、事実上の選挙公約となる一連の政策論文を新聞各紙に投稿する。その中でも『イズヴェスチヤ』紙に掲載された論文「ユーラシアの新たな統合プロジェクト――今生まれつつある未来」[84]は、旧ソ連全体にわたる統合構想を提起するものとして注目を集めた。前述のEEPや、ロシア・カザフスタン・ベラルーシによる関税同盟を基礎として「ユーラシア経済連合（EEU）」を結成し、さらにこれを発展させて「ユーラシア連合」を目指そうというものである。プーチン論文から一部を引用してみよう。

「関税同盟と共通経済空間の建設は、将来のユーラシア経済連合を結成する上での基礎を成すものである。同時に、キルギスとタジキスタンに対する全面的な働きかけを通じて関税同盟と共通経済空間加盟国の輪を拡大することになろう。

我々はそこに留まらず、自らの野心的な課題に立ち向かう。すなわち、より高度な次なる統合形態として、ユーラシア連合に踏み出すのである。

このプロジェクトの将来と沿革において、何が予見されるだろうか？

第一に、これはソ連を別の形で再建しようというものではない。すでに過去となったものをナイーヴにも焼き直そうとかコピーしようというのではなく、新たな価値、政策、経済を基礎とする緊密な統合だ。これは時代の要求である。

我々は、現代の世界における極の一つとなりうる、そしてそれに伴ってヨーロッパとダイナミックなアジア太平洋地域の間の効果的な「架け橋」となりうる、力強いスープラナショナルな（訳注：超国家的な）連合体のモデルを提案しているのである」

プーチン首相も断っているように、これはソ連の再建を目指すものではない。他方で、ロシアが勢力圏とみなす旧ソ連諸国を経済や社会の統合によってまとめあげていこうというものであったことも事実であろう。そして、すでに述べた旧ソ連内におけるウクライナの存在感を考えるならば、プーチン大統領の旧ソ連再編構想には同国が必ず含まれていなければならない。

ＥＥＵは、その第一歩となるものであった。

さらに前述のチャラップとコルトンは、プーチン論文の後段に注目する。ここでプーチン首相が述べているのは、「将来的にEUとEEUは連携するのだから、EEUへの加盟は『欧州の選択』と矛盾せず、むしろ欧州への統合の早道になる」ということであった。裏を返せば、プーチン論文は任意の国がEEUとEUの両方に加盟することは想定していないことになる。これはロシア主導のユーラシア統合とEUの双方に同時にコミットできるという従来のロシア政府の立場を後退させたものであり、「『狭間の国々』がEUと統合する程度とペースはモスクワが決める。ブリュッセルと直接取引することはお薦めしない」というメッセージであった。[85]

ここでプーチン首相が念頭に置いていたのは、欧州近隣諸国政策（ENP）であったと思われる。2004年の第5次EU拡大によってバルト三国と東欧のチェコ、ハンガリー、ポーランド、スロバキア、スロベニアがEU加盟国となり、2007年にはブルガリアとルーマニアがここに加わったことで、EUは旧ソ連のベラルーシ、モルドヴァ、ウクライナと直接に国境を接することになった。そこでEUは地中海地域の旧植民地諸国とともに旧ソ連諸国をENPの対象国（当初は前述の3ヵ国のみであったが、のちに南カフカスのアルメニア、アゼルバイジャン、グルジアも含められた）に加えたのである。このうち、旧ソ連諸国向けのENPは東方パートナーシップ（EaP）と呼ばれ、2009年からスタートした。

EaPの主眼は、旧ソ連諸国に民主化やガバナンスの改善といった国内改革を迫ることと引き換えに、「高度かつ包括的な自由貿易圏（DCFTA）」を結んでEUとの通商や人的往来を自由化するというものであった。言い方を変えれば、拡大EUのすぐ隣に存在する不安定な新興独立諸国を「EUにとって安全にする」ことがEaPの目的であったと言えよう。

しかし、DCFTAは参加国の経済政策を強く縛るものであるために、排他的な性格を有していた。つまり、DCFTAへの参加は他の経済連合（たとえばロシアの関税同盟）への加盟とは両立しないということである。再びチャラップとコルトンの表現を借りるならば、これは「ロシアと欧州の双方とつながりを持っておくという、多くの国々がそれ以前に追求していた中間的オプションを排除する」ことを意味していた[86]。

ロシアが抱く「勢力圏」の観念と、ここまで述べたENPの排他的性格とを考え合わせれば、これがロシアにとって極めて面白くないものであったことは明らかであろう。2009年、ミュンヘン国際安全保障会議に出席したロシアのラヴロフ外務大臣は、EUによる勢力圏拡大の試みであるとしてEaPを強く非難した。欧州諸国は、こうしたロシアの反応こそが古めかしい勢力圏思想の表れであるとして一蹴する姿勢を示したが、ポーランドやバルト三国といった新規EU加盟国の対露脅威認識がEaPに反映されていなかったとはいえまい（ただ、EUが明確な対露封じ込めという観点からEaPを推進したかと言えば、そこまで明確なコンセンサスは存在しなかったというのが実情であるようだが[87]）。ロシア自身もEaPを勢力圏に対する挑戦と受け止め、DCFTA参加交渉を始めていたアルメニアやモルドヴァからの食品輸入を禁じるなどの措置をとり始めた。

中でもロシアにとって受け入れがたかったのは、ウクライナのヤヌコーヴィチ政権までがEaPに基づくDCFTAへの参加の意向を示したことであった。これに対してロシアはウクライナ産の農産物の輸入制限をかけるとともに、ウクライナに対する最恵国待遇の廃止を示唆するなどの脅しをかけ、関税同盟への加盟を呑ませようとした。さらにロシアは150億ドルに及ぶウクライナ債の購入とウクライナ向け天然ガス価格の割引（1000立方メートルあたり400ドルであったものを268・5ドルへ）によってヤヌコーヴィチ政権を翻意させ、DCFTAの具体的内容を定めた連携協定に調印する一週間前に調印撤回の方針を採択させることに成功する。ヤヌコーヴィチの翻意には、職権濫用で収監されていた政敵のティモシェンコ元首相の釈放問題をめぐるEUとの葛藤も影響を与えたようだが、他方、ヤヌコーヴィチの狙いはロシアから利益を引き出すことであり、連携協定への締結は最初から考えていなかったという見方もある。[88]

ここで成立した合意は、あくまでもウクライナがEUとの関係拡大に踏み出さないというものであり、ロシア主導の関税同盟やその他の枠組みに参加するというものではない。それでも、ウクライナが西側の政治・社会・経済的枠組みの中に組み込まれることはロシアにとって許容しがたい事態だったのであり、多額の経済的代償を払う価値はあったということなのだろう。つまり、プーチン首相が2011年に提起したEEUは、旧ソ連諸国内の経済統合による経済発展というポジティブな性格を装いつつ（実際、そのような効果は見込まれていたとしても）、それらの国々がEUの経済圏に取り込まれるのを防ぐこと＝経済面でロシアの消極的勢力圏に留め置くという、よりネガティブな性格も有していたことになる。

3. 直接介入へ

ヤヌコーヴィチの逃亡

だが、EUとの連携協定によって西側の仲間入りを果たし、安定と発展を享受することに期待を抱いていた都市部のリベラル派はヤヌコーヴィチ政権の決定に深く失望し、街頭での抗議行動に出た。

EUとの連携協定が正式調印される筈であった2013年11月21日の夜、首都キエフの独立広場（マイダン）には、SNS上での呼びかけに応じて集まった多数の市民が詰めかけ、連合協定締結の撤回に抗議の声を上げげた。広場に集まる市民の数は、24日までに10万から20万人まで膨れあがり、オレンジ革命以来、最大規模の抗議集会となった。ちなみにオレンジ革命の舞台となったのも、同じ独立広場である。2013年秋に始まったこの運動は、欧州への統合を求めるという意味で「ユーロマイダン」と呼ばれた。

ただし、この段階における抗議行動はあくまでも平和的なデモに過ぎなかった。人々はウクライナ国旗やEU旗を掲げたり、歌いながら行進する程度で、暴力的な傾向は見られなかった。ここでEU旗が登場するのが面白いが、当時、グルジアやウクライナではEU加盟を目指す意思の表明としてEU旗はあちこちに掲げられており、筆者がグルジアを訪問した際にもあちこちで目にしたものである(※)。

しかし、11月末、政府が内務省の機動隊を投入してデモを強制的に解散させようとする過程で多数の負傷者が出ると、デモ隊も過激化する。その先頭にいたのが、ネオナチ集団「スヴァボーダ（自由）」や極右政党「右派セクター」の行動隊で、この頃から投石や火焔瓶などによる暴力的な傾向が強まりだした。

2014年1月に入ると抗議行動はさらに過激化し、デモ隊と鎮圧部隊との激しい攻防が行

(※) 旧ソ連諸国におけるEU旗の象徴性について研究したマクギル大学のジョンソンらは、グルジアとモルドヴァではこの旗が欧州としてのアイデンティティを示すと同時に、強い反露的メッセージを帯びていると指摘する(89)。

われるようになった。これに対してヤヌコーヴィチ政権は21日にデモ規制法と呼ばれる12本の法律を施行し、「過激な行動」（その詳細は規定されていない）を禁止するほか、5台以上の車を所有する者が渋滞を引き起こした場合の罰則規定や、マスクで顔を隠すことの違法化、政府によるインターネット検閲などが規定された。これに対して反発を強めた反政府側は公的機関の建物を占拠したほか、19日から21日にかけてフルシェフスコホ通りなどで鎮圧部隊と激しい攻防を繰り広げるようになり、情勢はさらに緊迫化する。ヤヌコーヴィチ政権は野党「祖国」のヤツェニューク党首を首相、「ウダール」のクリチコ党首を副首相として新内閣を組織する案を打診するなどして懐柔に努めたが、野党側はこれを拒否し、情勢はますます収拾が付かなくなっていった。この頃から、多数の死者も出るようになっていく。

その推移を一々ここで示すことはしないが、2月半ばに入るとヤヌコーヴィチ大統領は拘束されていた反政府活動家の恩赦を認め、18日にはクリチコ氏との会談にも応じたが、結局は物別れに終わった。この間にもマイダンを中心とする攻防は続き、死者は増え続けていった結果、21日になってヤヌコーヴィチ大統領は野党およびEUの代表との間で危機解決に向けた合意案に調印せざるを得なくなった。主な内容は次のとおりである。

●挙国一致内閣を設立すること

●２０１５年の大統領選を２０１４年12月に前倒しして実施すること
●議会の強い権限を認めた２００４年憲法へ回帰すること[90]
●与野党・欧州評議会監視の下で暴力行為の責任者の捜査を行うこと
●政府・反政府双方が暴力を停止すること
●違法な武器所持を停止すること
●占拠した建物・道路を解放すること
●「恩赦法」を制定すること

これにより、11月から続いてきたウクライナの危機は収拾するかに見えた。だが、納得しなかったのは前述の「右派セクター」をはじめとする極右勢力である。彼らはヤヌコーヴィチ大統領の即時辞任や大統領選挙のさらなる繰り上げ実施、内務省幹部の処罰などを要求し、武装闘争を再開した。この結果、反体制派は議会や大統領官邸の占拠などの挙に出るが、警官隊は21日の協定に従ってこれを制止しようとはしなかった。

22日にはヤヌコーヴィチ大統領の解任が議会で決議されたが（ただし、憲法上、議会には大統領の解任権限は本来ない）、この間に当人はウクライナ東部のハリコフ（ハルキウ）からクリミア半島経由でロシアへ逃れていた。いずれにしても、ヤヌコーヴィチ政権は一夜のうちに崩壊したのである。

繰り返された「併合」のパターン――クリミア

以上の展開は国際社会からそれなりの注目を集めたが、それが現在まで続く危機の始まりだとまでは広く認識されていなかったように思われる。キエフを脱出したヤヌコーヴィチ大統領がクリミア半島で息を潜めている頃、同じ黒海沿岸にあるロシアの都市ソチでは冬季オリンピックが閉幕を迎えようとしており、ロシアをめぐる雰囲気は総じて祝祭的であった。当時、筆者自身もロシアが軍事介入に踏み切るとは全く予測していなかった。

しかし、その空気は一夜のうちに裏切られた。首都キエフで暫定政権が成立した2月27日、クリミア自治共和国の首都であるシンフェローポリの主要部が覆面で顔を隠した兵士たちによって占拠されたのを皮切りに、各種インフラ、行政機関、軍事施設などが次々と占拠されていったのである。この間、少数の衝突による死者が出たのを除くと、占領は驚くほど迅速に、なおかつ円滑に進んだ。クリミア半島が2万6800平方キロメートルもの面積を有する半島であることを考えれば尚更であろう。

彼らがロシア軍であることは明らかだった。作戦の初動においてシンフェローポリ主要部を占拠したのは参謀本部直轄の精鋭部隊として設立されたばかりの特殊作戦軍（SSO）であり

（この部隊についてはそれまで存在さえほとんど知られていなかった）、クリミア半島内に元々駐留していた黒海艦隊所属部隊やロシア本土から送り込まれた増援部隊が続々と合流していったものと見られる。[91]

だが、兵士たちの軍服には国籍や所属を示す記章が縫い付けられておらず、彼ら自身も自分が何者なのかを語ろうとしなかった（本章第１節で触れた猫についてのエピソードが生まれたのはこのときである）。プーチン大統領も、３月４日に行われたマスコミ代表者との会見の席上、「クリミアには（元々駐留している部隊以外に）ロシア軍を増派していない」「クリミアの各地を占拠しているのは地元の自警団だ」などと述べ、自国の関与を否定した。[92] あまりにもあからさまな嘘である。さらに記者から「あれはロシア軍の兵士ではないのか」と問い詰められたプーチン大統領は、次のように弁解している。

「旧ソ連諸国を見てくださいよ。似たような軍服だらけでしょう……店に行けばどんな軍服だって買えますよ」

一方、クリミア半島内に駐屯していたウクライナ軍は、ロシア軍よりも数の上ではるかに優勢であった。また、投入されたロシア軍特殊部隊は総じて軽装備であり、後続部隊が登場するまでは基本的に軽歩兵部隊であったに過ぎない。現地のウクライナ軍にその意志さえあれば、相当の犠牲と引き換えにではあるが、ロシア軍の第一波を撃退することは可能であったろうし、そうなれば橋頭堡《きょうとうほ》を失ったロシア軍が重装備を持つ第二派を上陸させることも叶わなかっただろう。だが、無政府状態に陥って混乱するウクライナ側は突然現れたロシア軍にどう対処してよいのかわからず、多くはしばらくの籠城ののちに無血のまま基地を明け渡した。

クリミア半島に勤務するウクライナ軍人たちの少なからぬ数が民族的にはロシア人であったことや、セヴァストーポリではウクライナ海軍とロシア海軍黒海艦隊が文字どおり肩を並べて同居していたこと（元々は同じソ連海軍黒海艦隊だった）も見逃せない。つまり、占拠を仕掛ける側と仕掛けられた側の心理的距離は比較的近かったわけで、これが抵抗の軽微さにつながった部分が大きいように思われる。[93] 実際、ウクライナ軍人たちの中には投降後にロシア軍での勤務を希望する者が多く、セヴァストーポリに司令部を置いていたウクライナ海軍総司令官などはそのままロシアの黒海艦隊副司令官に横滑りで就任した。

その後、クリミア自治共和国とセヴァストーポリ特別市は「クリミア共和国」としてウクライナから独立することを宣言し、3月16日に住民投票を実施。ここで圧倒的な多数が独立に賛成したことを受けて、3月18日には自発的な加盟という形でロシア連邦に併合された。これにより、ロシア連邦の構成主体（連邦市、州、地方、共和国等）はそれまでの83から85へと増加し

クリミア自治共和国とセヴァストーポリ特別市をロシアに編入する条約の署名式（2014年3月18日、モスクワ・クレムリン）

たとされたが（2主体分増加しているのは、クリミア共和国とは別にセヴァストーポリがモスクワ、サンクトペテルブルクと並ぶ第三の「連邦市」に指定されたため）、もちろん国際社会の大部分は承認していない。ロシアによって「主権を制限されている」筈の旧ソ連諸国や、友好国である中国でさえも同様であった。

「クリミア共和国」のロシア併合式典はモスクワのクレムリン宮殿で行われた。この際、プーチン大統領がおよそ1時間にわたる演説で語ったのは、冷戦後の西側諸国がいかに傲慢であったか、またクリミアがなぜロシアに併合されなければならないのかであった。[94] 主なポイントは次のとおりである。

●クリミアはソ連においても元々はロシア領

とされていたが、戦後のフルシチョフ時代にはっきりとした法的根拠なくウクライナ領ということになってしまった。

●政変で成立したウクライナ暫定政権には法的正統性がない。

●クリミアの住民自身がロシアへの併合を望んでいる。民族自決権によってある地域が独立できることは西側自身がコソヴォの例で実証している。

●西側諸国は力による支配で世界の行く末を決めることができると思っているが、ウクライナの件はロシアにとって越えてはならない線を越えるものだった（筆者注：キエフでの政変が西側による陰謀だったことを示唆）。

筆者はこの様子をあるテレビ局から生中継で見たが、宮殿内の「ゲオルギーの間」に集められた聴衆たち（国会議員や地方の知事ら）の中には涙を流す人の姿も見られ、演説の節目では「ロシア！」と叫ぶ声が上がった。プーチン大統領の言葉が会場の聴衆たちに深く響いたことは明らかであった。これはおそらく放送回線越しに演説を見ていた一般国民たちも同様だったのだろう。また、クリミアでも、少なからぬロシア系住民はこの演説に対して好意的な評価を下したようだ（一方、メドヴェージェフ首相は演説の最中に居眠りをしている様子がカメラに捉えられたが、これはこれで豪胆と言うべきであるのかもしれない）。

クレムリンの「ゲオルギーの間」で行われた式典にて演説を行うプーチン大統領（2014年3月18日）

もちろん、クリミア半島の住民が自らの意思でロシアの一部となることには筆者も異存はない。また、プーチン大統領が指摘するように、フルシチョフ政権期に行われたクリミア半島のロシアからウクライナへの帰属替えに法的瑕疵《かし》があったことも事実である。だが、一国の領土を自国に併合しようというなら、その過程では法的な親国（この場合はウクライナ）や現地の非ロシア系住民との間で十分な合意形成が存在しなければならない筈であり、政変から１ヵ月も経たないうちに実施されたクリミアの住民投票はあまりにも性急であろう。さらに言えば、いかにロシア系住民を保護する必要があるといえども、突如としてロシア軍を送り込む手法はあまりにも乱暴である。しかもロシアは当初、軍事介入の事実を認めようともしなかった。

このプロセスは第3章で見たバルト三国のソ連併合と奇妙に重なって見える。もちろん細部には多くの違いがあるが、電撃的な軍事作戦による占領、シンパシーを抱く現地住民の動員、住民投票、そして併合という手順は概ね共通する。

ロシア系住民の比率が高いために現地住民の中で「占領」されたという意識が薄いのはバルト三国と異なる点であろうが、ロシアへの併合を納得しない住民がいないわけではもちろんなく、クリミア・タタールのような少数民族（クリミア人口の約1割を占める）には特にその傾向が強い。エストニアのソ連兵士像をめぐって「解放者」と「侵略者」という二つの相反する評価が存在したように、この溝を埋めることは容易ではあるまい。いずれロシアの連邦体制が揺らぐことがあった場合、クリミアの住民たちが自分たちの境遇をいかに位置付けるのかは興味深いところだ。

ところで、前述した3月18日の演説で、プーチン大統領は次のような、一見すると奇妙なことを述べている。

「ウクライナの人民にも申し上げる。どうか理解いただきたい。我々はいかなる場合においても皆さんに害を及ぼしたり、皆さんの民族的感情を傷つけるつもりはないのです。我々は常にウクライナ国家の領土的一体性を尊重してきました。自らの政治的野心のためにウクラ

式典で演説するプーチン大統領（2014年3月18日）

イナの統一を犠牲にしようとする人々とは違って、です。彼らは偉大なウクライナというスローガンを掲げる風でいながら、国家を分裂させるためならなんでもやるのです。友人たちよ、どうか聞いてください。あなたがたがロシアを恐れるように仕向け、他の地域もクリミアと同じようになるのだと叫ぶ人々を信じないでください。我々はウクライナの分裂を望みませんし、そんなものは必要ありません。クリミアはロシアの、ウクライナの、クリミア・タタールのものです。繰り返します。過去の幾世紀がそうであったように、そこに住む民の生家なのです。しかし、バンデラ主義者(※)のものであったことはありません！

　クリミアは私たちの共有財産であり、地域安定のための最重要ファクターです。そして、この戦略的なテリトリーは、強く、安定した主権の下になければなりません。今日において、それはロシアしかないのです。ロシアとウクライナの友人の皆さん、さもなければ、我々ロシア人とウクライナ人は、そう遠くない将来にクリミアを完全に失ってしまうかもしれません。このことをどうか考えて欲しいのです。

キエフはすでに、ウクライナをNATOに早期加盟させることを公言していました。それがクリミアとセヴァストーポリの将来にとって意味するところはなんでしょうか？　このロシアの軍事的栄光の街にNATOの艦隊が現れるということです。ロシアの南方全域に対する脅威が生まれるということです。それも、架空の話ではなく、全く具体的なものとして。起こり得るすべてのことは、クリミア人の選択がなければ実際にすべて起こり得たのです。彼らに感謝しましょう」

まさにクリミア半島を併合しようという場面で「我々は常にウクライナ国家の領土的一体性を尊重してきました」と口にするのは、一種のブラックジョークのように見えないでもない。だが、これがブラックジョークでないとすれば、その意味するところはなんだろうか。

第2章では、「主権」と「勢力圏」を手掛かりとしてロシアの階層的秩序観について検討した。このような秩序観からすると、ロシアにとってのウクライナは自力で独立を全うできない

「半主権国家」であり、「上位者」であるロシアの影響下にあるものと理解されよう。つまり、ウクライナはロシアの一部またはそれに準ずる領域ということになる。したがって、プーチン大統領の演説に登場する「ウクライナ」は、その前に「ロシアの一部であるところの」という修飾語を付けて読むべきであろう。

このような観点からすれば、クリミアはたしかにウクライナ人だけのものではなく、ロシア人にとっても「共有財産」であろうし、「ロシアの一部であるところのウクライナ」をNATOに加盟させかねない暫定政権は、領土的一体性を損なおうとする勢力と言えなくもない。そしてロシアは、自らの勢力圏であるウクライナが西側によって侵食されるのを防ぐため、戦略的要地であるクリミアを急遽押さえた。これはロシアにとっても、「ロシアの一部であるところのウクライナ」にとってもNATOから身を守るための防衛的行動である――このように、プーチン演説では、「ウクライナはロシアの一部」であるがゆえに、「ロシアにとってよいことはウクライナにとってもよいことだ」というロジックが貫かれている。

ただ、これはあくまでもロシアの視点であって、遠い日本からそれを聞かされれば、やはり

※戦前から戦後にかけて活動したウクライナ民族解放運動家、ステパン・バンデラの思想を指す。運動の手段としてテロを肯定したため、ロシアから見るとテロリストということになる。

ブラックジョークのように響くことは否めない。少なからぬウクライナ人にとってもおそらくそうであったのではないだろうか。

ウクライナの位置付けをめぐっては、前置詞に関する論争も興味深い。ロシア語には、場所（「～で」「～に」）を意味する前置詞として「ヴ（в）」と「ナ（на）」の二つがあり、通常、国名には前者を用いる。たとえば「ロシアで」ならば「ヴ」の後の「ロシア（Россия）」が格支配を受けて「ヴ・ラシイ（в России）」といった具合だ。一方、「ナ」は特定の限られた場所を示すために用いられることが多く（たとえば「テーブルの上に」＝「ナ・スタリェー（на столе）」など）、普通は国名には使わない。ところが帝政時代以来、ロシアではウクライナの前置詞に「ナ」を用い、「ウクライナで」という場合には「ナ・ウクライーニェ（на Украине）」と呼ぶ慣わしであった。ウクライナがロシア帝国、あるいはソ連の一部であった時代には問題にならなかったが、ソ連が崩壊してウクライナが独立国となると、この前置詞が問題となった。つまり、ウクライナは独立したのだから「ヴ」を使うべきであるという意見と、慣習に従って「ナ」のままであるべきだという論争が起きたのである。

慣用的なものなのだからそう深く考える必要はない、という意見もある。だが、２０１４年の危機によってウクライナの主権が政治問題化して以来、「ヴ」か「ナ」かは非常にセンシティヴな問題となっており、現在も決着はついていない。ちなみに3月18日のプーチン演説では、「ウクライナ」に付された前置詞はすべて「ナ」であった。

「戦争のための戦争」——ドンバス

しかし、クリミア半島の併合はロシアの介入においてもかなり例外的なケースである。紛争地域をそのままロシア領に組み込んでしまったという例は、ソ連崩壊後ではクリミアだけであるためだ（ソ連時代まで含めても前述したバルト三国の再併合まで遡る）。

他方、旧ソ連における紛争でよく見られるのは、分離独立勢力が法的親国との紛争の末に未承認国家を形成し、ロシアがこれに経済援助や軍事プレゼンスを提供するというパターンである。そして、ロシアの後ろ盾を得た未承認国家を法的親国が排除することはまず困難であり、分離独立状態は膠着化して、いわゆる「凍結された紛争」となる。アルメニアとアゼルバイジャンが領有を争うナゴルノ・カラバフ、モルドヴァの沿ドニエストル、前述したグルジアの南オセチアとアブハジアなどがこの「凍結された紛争」に該当する。

この意味では、クリミア半島への侵攻に続いて始まったウクライナ南西部ドンバス地方での紛争は、より伝統的なロシアの介入パターンに近い。

18世紀にドンバス地方を含むウクライナ東部を併合したロシア帝国はこの地域を「ノヴォロシア（新ロシア）」と名付け、豊富な石炭資源の開発や重工業の建設を進めた。そのため、ドンバス地方には多くのロシア人が入植し、現在でもロシア系住民の割合が他地域に比べて高い。このような経緯があるために、クリミア半島が独立の動きを見せると、ドンバスにおいても独立を主張する現地住民が行政機関の占拠を試み、これをウクライナ内務省部隊が排除するといった事態が繰り返されるようになった。

こうした混乱状況の下、ロシア本土からはイーゴリ・ストレリコフ（本名イーゴリ・ギルキン）のような大ロシア主義者たち――つまり、「ロシアの民」が住む地域を統一した「帝国」としてのロシアを夢見る人々が民兵としてウクライナ入りし、ウクライナ保安庁（SBU）の庁舎まで襲撃し始めた。これ以降、騒乱は急速に烈度を増しつつ、ドンバス地方のドネツク（ウクライナ語ではドネツィク）州とルガンスク（同ルハーンシク）州の東部地域へと広がっていく。両州の主要部分を支配した武装勢力は、それぞれ「ドネツク人民共和国（DNR）」、「ルガンスク人民共和国（LNR）」と名乗った。

これに対してウクライナ暫定政府は軍と内務省の部隊を派遣し、これらの武装勢力を一掃すべく対テロ作戦（ATO）を展開した。クリミアの場合とは異なって、この時点でウクライナの指揮命令系統は麻痺状態から立ち直っており、しかもウクライナ側部隊は装甲車両やヘリコプターといった武装勢力にはない重装備を投入可能であった。さらにウクライナは戦時動員によって民間人に動員をかけ、開戦前には12万人強であったウクライナ軍の兵力が20万人以上に急増強されたほか、民間人の義勇兵から成る「私設大隊」も次々と設立された。

こうして態勢を立て直したウクライナ側が武装勢力への反撃を進めた結果、二つの自称「人民共和国」は、2014年の夏を前にしてほぼ風前の灯火と言ってよい状態に陥っていた。武装勢力側は、実戦経験の豊富なチェチェン兵やコサック民兵をロシアから招き入れて持久を図ったが、劣勢は覆らない。6月に入ってから戦車を含む重装備がロシア側から供与されるようになっても、事情は同じであった。DNRとLNRはウクライナ軍の包囲を受けて互いの連絡を寸断され、DNRの「国防相」に収まっていたストレリコフは、ロシア軍の来援がなければあと1ヵ月も保たないとこぼした。

こうした中で8月、ドンバス地域に戦車、歩兵戦闘車、火砲、ロケット砲、防空システムなどを装備するロシア軍兵士が「義勇兵」として展開し始めた。「義勇兵」とは言っても、それまでの民兵とは比べ物にならないほど訓練・装備が優良であり、しかも統制の利いた実質上のロシア軍である。この「義勇軍」の参戦により、ウクライナ軍は地上戦で劣勢に立たされたばかりか、武装勢力に対する優位点であった航空戦力の活動をロシアの防空システムに封じられたことで再び窮地に立たされることとなった。

もう一つ、ウクライナを悩ませていたのは、国境線沿いに数万人規模のロシア軍が展開し、無言の圧力をかけていたことである。戦争がさらにエスカレートした場合、「義勇軍」どころ

ウクライナ情勢について話し合う3カ国の首脳（左からメルケル独首相、プーチン露大統領、オランド仏大統領。肩書きは当時）

かロシア軍主力がウクライナになだれ込んでくる恐れがあった。

敗北を重ねたウクライナ側は、２０１４年9月にドンバス地域における停戦などを内容とするミンスク協定を受け入れざるを得なくなり、２０１５年2月にはミンスク協定の履行を改めて保障する第二次ミンスク協定が締結されている。ただ、それから5年ほどを経ても両合意の基礎となる戦闘の停止は実現できておらず、最終ステップであるドンバス紛争の解決はさらに程遠いのが現状だ。

この意味では、ドンバス問題は他の「凍結された紛争」とは同等に扱えない。そのように呼ぶにはドンバスで続く戦闘の烈度はあまりに高く、「半解凍」といったあたりがせいぜいであろう。

重要なことは、こうした状況それ自体がロシアの勢力圏維持のためのツールになっているという点である。グルジアに関しても述べたとおり、ロシアとの終わらない紛争を抱えているということは、当面はNATO加盟が不可能になることを意味しているためだ。このように考えるならば、ロシアは古典的な戦争目的（たとえば領土の奪取や敵野戦軍の撃滅等）を達するために軍事力を用いているというよりも、戦争状況を継続させることそのものがロシアの目標であると考えられよう。「凍結された紛争」というよりは、「戦争のための戦争」ということになるだろうか。

4. 強くはないが弱くもないロシアの軍事力

以上のような理解は、ロシアの軍事力をどのように評価するかという問題にもつながってくる。戦争に勝利することではなく、戦争状況を継続させることそのものがロシアの目標なのであるとすれば、そのための手段である軍事力もまた、古典的な軍事バランスのみによっては評価できないことになるためである。

実際、古典的な指標だけを見れば、現実におけるロシアの振る舞いはとても信じられないも

表1　ロシアの軍事力を構成する諸主体

<table>
<tr><th>国防に携わる機関</th><th>所属官庁</th><th>任務</th><th>兵力</th><th>備考</th></tr>
<tr><td>ロシア軍</td><td>国防省(MO)</td><td>国防</td><td>約90万人</td><td></td></tr>
<tr><td>国家親衛軍の諸部隊</td><td>連邦国家親衛軍庁(FSVNG)</td><td>国防への関与</td><td>約34万人(うち軍事部隊約17万人)</td><td>2016年に内務省傘下の国内軍、機動隊等を基礎として設置</td></tr>
<tr><td>軍事救難部隊</td><td>国家非常事態省</td><td rowspan="8">国防に関する個別の領域への関与</td><td>不明</td><td rowspan="5">旧国家保安委員会(KGB)からソ連崩壊後に独立</td></tr>
<tr><td colspan="2">対外情報庁(SVR)</td><td>不明</td></tr>
<tr><td>連邦保安庁(FSB)の諸機関</td><td>連邦保安庁(FSB)</td><td>約16万人(国境警備隊)
約4000人(特殊部隊)</td></tr>
<tr><td>国家警護機関</td><td>連邦警護庁(FSO)</td><td>4-5万人</td></tr>
<tr><td>ロシア連邦機関の動員準備を保障する連邦機関</td><td>大統領付属特別プログラム総局(GUSP)</td><td>不明</td></tr>
<tr><td>軍事検察機関</td><td>連邦検察庁</td><td>不明</td><td></td></tr>
<tr><td>連邦捜査委員会(SK)の軍事捜査機関</td><td>連邦捜査委員会(SK)</td><td>不明</td><td></td></tr>
<tr><td>戦時に設置される特別編成</td><td>平時の定めなし</td><td>平時の定めなし</td><td></td></tr>
</table>

(出所) 1996年度ロシア連邦法第61号「国防について」および *The Military Balance 2019*, The International Institute for Strategic Studies, 2019.

のと映るだろう。

たとえば、ロシア軍の兵力は定数101万人強であり、実勢にして90万人ほどと見積もられている。対するNATOの総兵力は米国およびカナダを含めて318万4000人、欧州の加盟国だけでも171万9000人にもなるから、純粋な軍事バランスは圧倒的にロシア不利である。しかも、ロシア軍の90万人中、およそ25万人は勤務期間12ヵ月の徴兵であるから、戦力としてはまずあてにならない（ロシア政府も徴兵は戦地に送らない方針を採っている）。したがって、戦闘任務に投入されるのは職業軍人である将校（約20万人）と志願兵である契約軍人（40万人弱）ということになり、ロシアの数的劣勢はさらに強まる。ロシアは比較的大規模な準軍事部隊（内務省国内軍を独立させた国家親衛軍や国境警備隊等）を保有しており、これらも含めた場合の兵力はもう少し大きくなろうが、劣勢が覆るというほどのものではない（表1を参照）。

しかも、ロシアは、世界最大の1710万平方キロメートルにも及ぶ領域を守らねばならない。欧州正面に配備しうる兵力は、軍事力全体の一部でしかないのである（次頁表2）。周辺を友好国と大洋で囲まれた西側諸国と異なり、ロシアの置かれた地理的条件は兵力の集中にも不向きであると言えよう。

だが、ここまで見てきたように、冷戦後のロシア軍が実際に戦火を交えてきた相手はNAT

表2　欧州正面におけるロシア軍の配備状況

軍種	西部軍管区	南部軍管区	他の軍管区を含む合計
陸軍	・3個軍 -1個戦車師団 -1個戦車旅団 -3個自動車化歩兵師団 -3個自動車化歩兵旅団 ・2個特殊作戦旅団	・3個軍 -2個自動車化歩兵師団 -7個自動車化歩兵旅団 ・2個特殊作戦旅団 ・1個特殊任務連隊	計28万人 ・12個軍・1個軍団 -2個戦車師団 -2個戦車旅団 -5個自動車化歩兵師団 -19個自動車化歩兵旅団 -1個機関銃・砲兵師団
海軍	・北方艦隊 -潜水艦(SSBN除く):21隻 -主要水上艦艇(空母含む):10隻 -3個戦闘機連隊(艦載機含む) -3個海軍歩兵旅団 ・バルト艦隊 -潜水艦:2隻 -主要水上艦艇:8隻 -1個戦闘機連隊 -1個戦闘爆撃機連隊 -2個海軍歩兵旅団・1個海軍歩兵連隊	・黒海艦隊 -潜水艦:7隻 -主要水上艦艇:7隻 -1個戦闘機・戦闘爆撃機混成連隊 -2個海軍歩兵旅団 ・カスピ小艦隊 -主要水上艦艇:2隻 -1個海軍歩兵連隊	計15万人 ・4個艦隊・1個小艦隊 -潜水艦(SSBN除く):48隻 -主要水上艦艇(空母含む):35隻 -5個戦闘機連隊(艦載機含む) -2個戦闘爆撃機連隊 -10個海軍歩兵旅団・1個海軍歩兵連隊
航空宇宙軍	・1個航空軍 -3個戦闘機連隊 -1個戦闘爆撃機連隊	・1個航空軍 -4個戦闘機連隊 -2個戦闘爆撃機連隊 -2個攻撃機連隊	計16万5000人 ・4個航空軍 -11個戦闘機連隊 -5個戦闘爆撃機連隊 -4個攻撃機連隊 -1個戦闘機・攻撃機混成連隊

(出所) *The Military Balance 2019,* The International Institute for Strategic Studies, 2019.

表3　ロシアと旧ソ連諸国の軍事力比較

国名	常備兵力／予備兵力／準軍事部隊	航空機／ヘリコプター	主要水上戦闘艦艇／潜水艦	核戦力（配備状態のみ）
ロシア	90万人／200万人／55万4000人	2119機／1008機	35隻／58隻	・戦略核弾頭2670発 ・非戦略核弾頭1820発
アルメニア	4万4800人／21万人／4300人	33機／30機	－	－
アゼルバイジャン	6万6950人／30万人／1万5000人	53機／70機以上	－	－
ベラルーシ	4万5350人／28万9500人／11万人	80機以上／38機	－	－
グルジア	2万650人／?人／5400人	21機／35機	－	－
カザフスタン	3万9000人／?人／3万1500人	144機／64機	－	－
キルギスタン	1万900人／?人／9500人	10機／10機	－	－
モルドヴァ	5150人／5万8000人／900人	3機／6機	－	－
タジキスタン	8800人／?人／7500人	5機以上／15機	－	－
トルクメニスタン	3万6500人／?人／5000人	60機／23機	－	－
ウクライナ	20万9000人／90万人／8万8000人	194機／54機	1隻／0隻	－
ウズベキスタン	4万8000人／?人／2万人	88機／98機	－	－

（出所）*The Military Balance 2019,* The International Institute for Strategic Studies, 2019.; Hans M. Kristensen and Matt Korda, "Russian nuclear forces, 2019," *Bulletin of the Atomic Scientists,* No.75 Vol.2, pp. 73-84.

O軍ではなく、旧ソ連諸国の軍隊であった。そこで比較対象を旧ソ連諸国にしてみると、今度はロシアの圧倒的な軍事的優位が際立つようになる。表3が示すように、ロシアは旧ソ連諸国内で最大の兵力と唯一の核戦力を保有しており、他の追随を許さない。グルジア戦争やウクライナ介入でロシアの軍事力が決定的な役割を果たしたことはすでに述べたが、これは仮に他の旧ソ連諸国にロシアが介入するとなった場合も同様であろう。ロシアの軍事力を評価する上では、彼らが実際に戦う相手が誰なのかをまず念頭におく必要がある。

さらにロシアは民兵などの非正規軍事力を大量に動員する能力を有しており、最近ではここに民間軍事会社（ＰＭＣ）が加わるようになった（ＰＭＣについては続く第5章を参照）。ウクライナ危機で見たように、これらの非国家主体は機動力や火力に優れる国家主体の正規軍に対して著しく弱体である反面、局所的な優勢が得られる場面では大きな効果を発揮する。したがって、こうした非国家主体までを含めた多様な軍事力の総体がロシアの介入手段なのであり、これを旧ソ連諸国内の文脈に位置付けることなくしては、ロシアがこの地域で持つ本当の影響力はなかなか見えてこない。

他方、西側諸国との古典的な軍事バランスの比較も無意味というわけではない。ロシアにとって重要なのは、旧ソ連諸国に対して介入を行う際、西側がそこに横槍を入れてこないよう抑止しておくことであるからだ。たとえばウクライナ危機の1年後にロシア政府の後援で作られたドキュメンタリー番組『クリミア。祖国への道』[95]において、プーチン大統領は次のように述べている。

●クリミアへの介入の際、黒海に米海軍のイージス駆逐艦ドナルド・クックが展開し、クリミアがトマホーク巡航ミサイルの射程に入る恐れがあった
●そこでロシアはクリミアに３Ｋ55バスチョン地対艦ミサイルを展開させた
●さらに「ネガティブな情勢」が発生した場合に備えて、ロシアには「核戦力を準備態勢につける可能性があった」

ここでは、ロシアの軍事行動に西側の介入を許さないというロシアの姿勢がごく単純化された形で示されている。すなわち、ロシアの振る舞いを西側が軍事力で阻止しようとするならば、ロシアは通常戦力によってその抑止を試みるし、抑止が破れれば核兵器を使用する（あるいはその脅しをかける）ことで介入を思い留まらせようということだ。

冷戦後もロシア軍の装備近代化プログラムでは、戦略核戦力の整備が常に最優先事項として位置付けられてきたが、ここで核兵器に期待されている役割には、全般的な戦略的安定性の維持のみに留まらず、ロシアの軍事行動に対する第三国の介入を抑止することも含まれている可

能性がある。[96] また、この意味では、ロシアの核抑止基盤であるオホーツク海（第6章）および北極海（第7章）の重要性は極めて高いということになる。

第5章

砂漠の赤い星

——中東におけるロシアの復活

「ドンバスかと思っていたら、シリアだったんだ[97]」

――シリア紛争に送られたロシア軍兵士アレクセイの言葉

1. シリア介入の衝撃

逆転したシリア紛争の構図

２０１５年9月末、ロシア軍はシリアに対する軍事介入を開始した。これに先立って、シリア西部のフメイミム飛行場に展開していたロシア軍機が、シリアの反政府勢力やイスラム過激派組織「イスラム国（ＩＳ）」の拠点を一斉に空爆したのである。同年11月にはロシア本土から飛来した爆撃機や、カスピ海上から発射された巡航ミサイルも加わって攻撃はさらに激しさを増し、それまで劣勢に陥っていたシリアのアサド政権軍はにわかに勢いを取り戻し始めた。

このロシアの介入によって、シリア紛争の筋書きは大きく書き換わったと言ってよいだろう。２０１０年代にアラブ諸国を席巻した一連の動乱、いわゆる「アラブの春」がシリアにも波及したのは２０１１年のことであった。アサド家による独裁が続くシリアであったが、周辺諸国で盛り上がっていた権威主義体制打倒の機運はシリアにも及び、同年夏には離反将校らによる「自由シリア軍」が結成されてシリアは内戦状況へと突入した。アサド政権は反体制派の攻勢に対して劣勢に陥るばかりか、混乱に乗じて伸張したイスラム過激派勢力（のちにＩＳとして合流する）にも国土を蚕食《さんしょく》されていく。

こうした中でアサド政権を支えたのが、ロシアであった。ロシアは軍事介入に踏み切る前から、アサド政権に対して膨大な軍事援助を行い、２０１３年の化学兵器使用疑惑によって米国がシリアを空爆しようとした際にも、シリアを化学兵器禁止条約（ＣＷＣ）に加盟させるというウルトラＣで空爆を回避させた。

ロシアの空爆は、それでも覆らないアサド政権側の劣勢を挽回する切り札であったと言える。実際、ロシアの空爆は大きな成果を上げた。ロシアによる空爆は翌２０１６年の年末までに７万１０００回にも及び、[98]この時点までに反体制派の主要な拠点であったアレッポを陥落させることに成功していた。これにより、アサド政権が軍事的に敗北する可能性は当面遠のいたと言ってよいだろう。ロシア軍の支援を受けたアサド政権軍は、続いて２０１７年にデリゾールを陥落させてイラクとの陸上連絡線を回復させ、続く２０１８年には首都ダマスカスに残っていた反体制派の拠点である東グータを掌握した。

シリアが安定化するにはまだ長い道のりが予想されるが、アサド政権の打倒をめぐる戦い自体はひとまずアサド政権優位のうちに決着が付いたと考えてよいだろう。こうした状況は、オバマ政権以降の米国が中東に対する関与を後退させつつある状況と合わせて、「ロシアが中東の真空を埋める」といった論調を生み出した。[99]

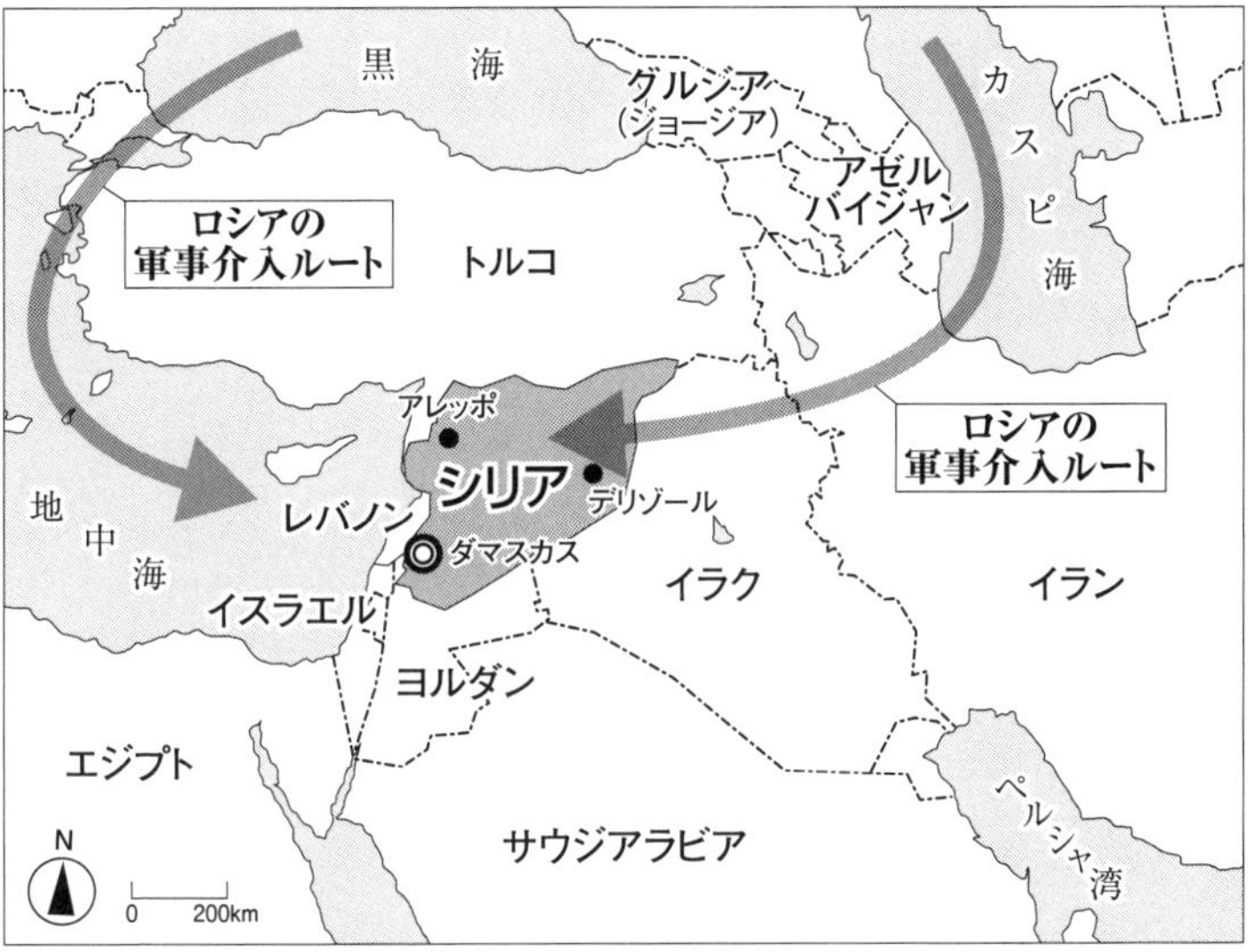

図9　シリアと周辺の国々

ロシアの抱える限界

ただし、シリアへの介入によってロシアが中東における影響力を著しく高めたことは事実であるとしても、この地域においてロシアが米国に代わる存在となったと見るのは過大評価であろう。旧ソ連の勢力圏から遠く離れた地域においてロシアが発揮できる秩序維持能力は著しく制約されたものであるためだ。

大陸国家であるロシアは、自国近傍に対してであれば比較的迅速に兵力投射（パワープロジェクション）を行いうる陸上機動力を有してきた。その主力は鉄道輸送であり、ロシア国防省の傘下には軍用鉄道輸送を担う軍事鉄道部隊（ＺｈＤＶ）が置かれているほどだ。ＺｈＤＶ隷下には10個鉄道連隊が存在し、英国際戦略研究所（ＩＩＳＳ）の評価によると、２万９０００人もの人員を擁するという。[100] ロシア軍が毎年秋に実施する大演習も、まずは大規模な架橋演習や鉄道敷設演習から始まる場合が多く、このルートで主力部隊が作戦地域に展開してからが本番、ということになる。

他方、海を隔てた外国に対するロシアのパワープロジェクション能力は、著しく低いと見られていた。ソ連軍もこの種の能力はさほど高くなかったが、ソ連崩壊後には予算不足から輸送艦や輸送機を新規調達できない時代が長く続き、この傾向に拍車が掛かった。ロシアが域外軍事介入に使用可能な大型輸送機は、１９９２年から２０１７年までに25年間で約５分の１、輸送艦は４分の１まで減少していたのである。[101] 次節で詳しく述べるように、民間の商船隊まで含めてもロシアの海上輸送力は著しく限られたものに過ぎない。

実際、シリア作戦でのロシア軍はロジスティクスを自前では賄いきれず、トルコ船籍の貨物船８隻を傭船して補給や輸送に用いた。２０１５年11月にトルコ空軍機がロシア空軍機を撃墜し、両国が一触即発の状態に陥っていた最中もトルコ船は黙々とロシア軍向け輸送に従事していたのだから、かなり不思議な光景ではあった。

経済的にも、ロシアが大規模な軍事プレゼンスを展開しうる余地は小さい。再びＩＩＳＳの評価によれば、２０１８年におけるロシアの軍事支出はロシア軍向けと準軍事部隊向けを含めて合計６３１億ドルであり、米国の７０６０億ドルに対して11分の１以下に過ぎない。ウクライナ危機以降、軍事的緊張の高まる欧州正面での防衛体制整備を優先せざるを得ないことを考えると、中東への介入に割くことができる財政資源はさらに限られたものになる。

ロシアがシリア作戦に投入した兵力の小ささもこの点を裏付けている。介入開始以降、シリアに展開していたロシア軍の主力は35機前後の戦術航空機とヘリコプター少数、それに特殊部隊や防空部隊程度であり、大規模な地上部隊の派遣は、前述した兵站《へいたん》能力の制限や財政能力から言っても困難であった。

国民感情の面からも同様である。「ほとんど我々」であるウクライナへの介入ならばまだしも、遠く離れたシリアに大規模な兵力を送り込むことに納得しているロシア国民は多くない。ロシア安全保障の専門家として知られるニューヨーク州立大学のガレオッティが述べるように、「ロシアの人々は、自分の子どもたちが（戦争に）巻き込まれ、死体袋に入って帰ってくる帝国というアイデアにあまり積極的ではない」ためだ。[102] ロシアの介入を支える論理である、地政学とアイデンティティの癒着が中東では起こらないのである。

ロシアの有力ネット紙「ガゼータ」に掲載されたアレクセイというロシア軍人の物語[103]は、この点をまさに象徴的に物語っている。

アレクセイは元々ロシア軍の東部軍管区で勤務についていた契約軍人だが、2015年のある日、公用旅券を渡されて軍用列車に乗せられた。おそらくはウクライナの戦場に送られるのだろうと考えていたアレクセイたちだったが、今度は船に乗り換え、最終的に下ろされたのは灼熱のシリアであったという。騙し討ちのような方法で戦場に送られたことに怒った契約軍人たちは戦地への派遣を取り消すように上官に抗議し、最終的には大統領付属人権委員会が乗り出すという騒ぎになった。

ウクライナの戦場に送られることに特に疑問を持っていなかったアレクセイたちが、行き先がシリアだと知って声を上げ始めたのは、そこがなぜ命を懸けるべき戦場なのか、個々の兵士たちを納得させうるロジックが欠けていたことの証左であろう（この点については第2節でも触れる）。アレクセイを取材した「ガゼータ」紙に対し、ロシアきっての安全保障専門家として知られるアレクセイ・アルバートフは次のように述べている。

「クリミアやドンバスでの行動を支持する人に対してであっても、ロシアの兵士たちがなぜバシャール・アサド政権のために死ななければならないのかを説明するのは骨が折れるでしょう」

ロシア式パワープロジェクション

このような状況にもかかわらず、ロシアがシリアに対する介入で一定の成果を上げられた要因はいくつか挙げられる。

たとえば、シリアでの空爆においてロシア航空宇宙軍が無差別爆撃を多用していることはその一つである。ロシア国防省はこれを「精密攻撃」と呼んでいるが、同省のリリースする映像を見てもロシア軍の攻撃手段は無誘導爆弾が主であり、レーザーや衛星を用いた誘導兵器の使用割合（こうした攻撃は「高度精密攻撃」と呼んで区別される）は極めて低い。ただ、この種の無差別攻撃が純軍事的には高い効果を示すことは第二次チェチェン戦争でも実証されているとおりであり、シリアにおけるロシアの「戦果」は、民間人の巻き添え被害を厭わない根こそぎ型の爆撃に支えられている部分が大きいと言える。

さらにガレオッティは、ここに「残虐性の価値」という観点を付け加えている。すなわち、民間人を無差別に殺傷する無慈悲な攻撃を行うことで反政府勢力の支配地域では人間が生きていけないようにするという、意図的な戦術をロシアは用いているという見方である。こうなると、巻き添え被害を出すこと自体がロシアの戦術の一環であるということになろう。[104] 近年の米軍が民間人の巻き添え被害に対して極めてセンシティブになっており、よほどの確信がなければ攻撃に踏み切ることを躊躇する傾向にあることを考えると、ロシア軍は米軍に比べて相対的に大きな攻撃力を発揮できることになる（無辜《むこ》の犠牲者を大量に出すことと引き換えに、ではあるが）。

公平を期して述べるならば、ロシアの戦果は単に無差別爆撃のみによって達成されているわけではない。グルジア戦争後、ロシア軍は長距離精密攻撃能力の向上に注力しており、航空機や艦艇から発射される長距離巡航ミサイルの配備数は飛躍的に増大した。ショイグ国防相が2019年3月に述べたところによると、ロシア軍に配備されたこの種の兵器の数は2012年との比較で30倍に増加し、それらを発射可能な航空機や艦艇の数も12倍になったとされる。[105] 他方、世界最強の長距離精密攻撃能力を有する米国がシリアにおける対ＩＳ作戦でなかなか目立った成果を上げられなかったことを考えれば、ロシア軍の能力向上はあくまでも要因の一つ

シリア空軍基地を訪れたプーチン大統領。アサド・シリア大統領（左）、ショイグ露国防相（右）と共に（2017年12月11日）

と見るべきであろう。

また、ロシアが自国の能力の限界を踏まえた上で独自の介入戦略をとっていることにも言及する必要がある。ロシア軍のゲラシモフ参謀総長が「限定行動戦略」と呼ぶこの戦略の概要を、２０１９年３月に軍事科学アカデミーで行われた演説[106]から抜き出してみよう。

「シリアでの経験は戦略の発展に重要な役割を担っています。これを敷衍して導入すれば、新たな実践の領域が開けるでしょう。すなわち、『限定行動戦略』の枠内においてロシアの領域外で国益の保護および増進に関する任務を遂行するということです。

この戦略を実現する上での基礎となるのは、軍の中でも特に高い機動性と課題解決能力を有するある軍種の部隊を基礎とし、自律的に行動が可能な部隊集団を設立することです。シリアの場合、このような役割を担ったのは航空宇宙軍でした。

こうした戦略を実現する上で最重要の条件は、指揮システムの準備態勢および全方位的な保障措置の優越によって情報優勢を獲得および維持すること、そして所要の部隊集団を秘密裏に展開させることです。

作戦の過程では、部隊の行動に関する新たな手段が裏付けられました。ここにおける軍事戦略の役割は、ロシアの部隊集団、関連国家の軍事編成、各派の軍事機構（すなわち紛争参加諸勢力）が用いる軍事行動と非軍事行動を計画し、調整した点にあります。

（中略）

シリアにおいて達成された成果は、国境外において国益を維持・増進することを目的とした軍事力行使に関する諸問題の研究に現代的な方向性を与えるものです」

ここでゲラシモフ参謀総長が述べているのは、シリアのような遠隔地への介入に際してはロシアがすべてを丸抱えしないという方針である。ロシアが担うのは、介入の中核となる軍事力（たとえば空軍力や特殊部隊等）とその運用の基礎となる情報収集・指揮統制等を提供することであり、介入の実際は「関連国家の軍事編成、各派の軍事機構」と連携して行う。シリア紛争

ロシア軍制服組のトップ、ワレリー・ゲラシモフ参謀総長

では早い段階からイランが革命防衛隊やヒズボラをシリア領内に展開させていたほか、イラクなどからも民兵を送り込んでいたことが知られているが、ロシアはこれらの勢力を支援したり、指揮するという立場に回ることで大規模な地上部隊の派遣を避けることに成功した。

ちなみにシリアでは２０１７年９月、ヴァレリー・アサポフというロシア陸軍の中将がデリゾール付近でＩＳの迫撃砲攻撃に遭い、戦死している。その死後にロシア国防省が認めたところによると、同人はシリア軍内に編成された義勇兵部隊である第５義勇軍団を指揮していた。[107] 同部隊はシリア軍の一部でありながらアサポフ中将をはじめとするロシア軍将校の指揮下に置かれていたといい、まさに「限定行動戦略」を体現する存在であったと言えよう。この部隊の存在は、アサポフ中将が戦死するまで一切伏せられていた。
ところでアサポフ中将は空挺部隊員としてグルジアでの平和維持活動やチェチェン戦争に参加し、２００７年に陸軍に移籍したのち、北方領土に駐留する第18機関銃砲兵師団の師団長やその親部隊であるサハリン駐留の第68軍団司令官を務めている。その後、ウクライナに展開するロシア「義勇軍」の司令官となり、シリアに渡ったのは２０１６年5月のことであったようだ。まさにロシアによる介入の最前線を渡り歩いてきた人物であると言ってよい。２０１８年9月には、択捉島中心部の第二次世界大戦戦没者記念碑の隣にアサポフ中将の銅像が建てられた。

さらに拓殖大学のロシア専門家である名越健郎は、択捉島の現地紙『赤い灯台』（２０１８年3月21日）が、第18機関銃砲兵師団のスタブロドプシェフ参謀長がシリアで重傷を負ったと報じていることを発見している。[108] 同師団からは兵士がウクライナ国境付近に派遣されているという調査報道も見られる。[109] 北方領土は、それ自体が極東におけるロシアの最前線であるだけでなく、他の前線に対する兵力の供給源ともなっているようだ。

また、ロシアはシリアにおいて民間軍事会社（ＰＭＣ）も活用している。中でも有名なのが「ワグネル」だ。[110] 同社は給食事業で成功してプーチン大統領との関係を築いた富豪のエフゲニー・プリゴジン氏が設立した企業とされ、運営の実際には参謀本部情報総局（ＧＲＵ）の特殊部隊出身者たちが関わっているという。ロシア内外での報道をまとめるに、ピーク時には少なくとも１０００人程度から最大２５００人程度のワグネル社コントラクター（契約兵士）たちがシリアで戦っており、特にＩＳの拠点であったパルミラの奪還では大きな役割を果たしたとされる。

他方、プリゴジン氏はワグネルがＩＳ等から奪還した油田によって大きな経済的利益を上げているとされ、時にロシア政府の意向に反してでも軍事作戦を遂行することがある。２０１８年２月、ワグネルのコントラクター約６００人とシリア政府軍１個大隊が停戦違反を破ってユーフラテス川東岸に侵攻した事件（狙いはやはり油田であったとされる）はその代表例だが、この際は米軍の攻撃で最大３００人ほどのコントラクターが死亡したと見られている。だが、ワグネルは犠牲者の遺族にわずかな見舞金を支払うだけで責任をとろうとはせず、ロシア政府も決して彼らを公式の「戦死者」とは認めない。

ゲラシモフ参謀総長の言う「限定行動戦略」とは、最も損害の大きな部分を他者に肩代わりさせる戦略であると言い換えることもできようが、その「他者」に自国民であるコントラクターたちが含まれるのであれば皮肉な話ではある。

2. ロシアはなぜシリアに介入したか

陸上帝国としてのロシア

以上のように、ロシアは多くの限界を抱えながらもその範囲内でシリアへの介入を続けている。だが、問題は、ロシアがなぜシリアへの介入に踏み切ったかであろう。第4章までで見てきたとおり、ロシアの介入は多くの場合、旧ソ連諸国を勢力圏として維持するという目的の下で実施されてきた。これに対して中東は、歴史的にロシアの帝国的秩序には組み込まれておらず、通常ロシアの勢力圏とはみなされない。

ロシアの公式な対外・安全保障政策においても、中東の優先順位はあまり高いものではない。たとえば「ロシア連邦国家安全保障戦略」では、中東はアジアやアフリカと並ぶ紛争懸念地域として登場するほか、中東へのミサイル防衛（ＭＤ）システム配備が欧州およびアジア太平洋と並ぶ「戦略的安定性の毀損要因」と位置付けられているが、地域別に対外政策上の優先課題を列挙した箇所では言及さえされていない。ロシアから遠く離れた南米やアフリカについては簡単ながら言及があることを考えると、中東の存在感は如何にも希薄である。２００９年に公表された前バージョンでも中東の扱いはほぼ同様であった（ただし、中東へのＭＤ配備に関する記述はこの時点では見られなかった）。

「ロシア連邦国家安全保障戦略」の下位文書として対外政策を規定する「ロシア連邦対外政策概念」[111]では中東に関する言及がもう少し多いものの、その大部分は宗教的過激主義に基づくテロリズムへの対策が占めており、外交的関係については「中東および北アフリカ諸国との関係をさらに発展させることを企図している」との記述が見られるだけである。一方、軍事政策について規定した「ロシア連邦軍事ドクトリン」[112]には中東に関する言及はない。

しかし、公式文書における言及の少なさが実際の政策における関心の低さに直結するわけではない。冷戦下のソ連がアラブ諸国に対して膨大な軍事援助やインフラ建設支援を行い、少なからぬ影響力を行使してきたことは周知のとおりである。ソ連崩壊後、深刻な政治・経済的停滞に見舞われたロシアは中東に対する関与を一時的に低下させたものの、続くプーチン政権は２０００年代半ばから中東との関係強化に踏み出し、イラン核開発問題にも関与するようになったほか、２０１０年代に入ると前述のようにシリアへの介入に踏み切った。これらの事実に鑑みても、ロシアが中東に対して何らかの利害と関心を有していることは明らかであろう。

では、それは何なのだろうか。

ごく単純化して言えば、西欧諸国の中東に対する関心は、主として植民地時代の利権維持と地理的に近接しているがゆえの脅威（宗教過激派によるテロや移民の大量流入）の封じ込めが主たる動機であると考えられよう。[113] 米国の場合、これは石油を中心とするエネルギー資源の安定供給とこれを脅かす敵対的勢力の排除と理解できる。[114]

しかし、ソ連やロシアにとっての中東の位置付けはこれと大きく異なる。中東はソ連・ロシアの勢力圏には含まれないばかりか、エネルギー資源を中東に依存してきたわけでもないためである。日本エネルギー経済研究所のデータによると、２０１４年時点におけるロシアのエネルギー自給率は世界最高の１８４％であり、石油に限れば輸入依存度はマイナス２１４％にも達している。[115]

また、それゆえにロシアにとってシーレーン確保の重要性もそう高くはない。２０１８年にロシアの連邦国家統計庁が公表した数字によると、２０１７年におけるロシアの総貨物輸送量は約80億７１００万トンであり、輸送手段別に見た内訳は次のとおりであった。[116]

- ●鉄道：13億８４００万トン
- ●自動車：54億４００万トン
- ●パイプライン：11億３８００万トン
- ●海運：２５００万トン

●内水：１億１９００万トン
●空運：１３０万トン

一方、輸送量に輸送距離を乗じたキロメートル・トンではパイプライン輸送が２兆６１５０億キロメートル・トン、鉄道輸送が２兆４９３０億キロメートル・トンとなり、自動車輸送の２５５０億キロメートル・トンを大きく引き離しているが、海運が４６０億キロメートル・トンと陸上輸送に大きく劣ることには変わりはない。いずれにしても、ロシアの中東に対する関心を西側諸国と同列に論じられないことは明らかであろう。

「戦略を持たない」という戦略

では、ロシアの中東に対する関与はどのような動機によって説明されうるだろうか。

一般的に、ロシアの対中東政策に関してはその戦略性の希薄さが指摘されることが多い。RAND研究所のスラッデンらがロシアや中東の有識者・実務者との対話の結果をまとめたレポート[117]において指摘しているように、ロシアの対中東アプローチは、個々の状況に応じた(transactional)非イデオロギー的・即物的なものであり、しかも個々の国・アクターとの二者間関係が中心である。そこには長期的な「中東戦略」のようなものは見られない。ソ連時代まで遡っても、ソ連の中東に対する関心はＣＥＮＴＯ（中央条約機構）のような対ソ包囲網の形成を妨害するという冷戦戦略の付属物だったのであり、米国のように中東における秩序構想が存在したわけではない。また、後述するように、ロシアが中東秩序を形成し、維持する能力も極めて限定的である。

ただし、前述のスラッデンらは、米国が言う「中東戦略」とはまた別の意味でロシアには戦略と呼べるものが存在すると主張する。すなわち、「個々の状況に応じた非イデオロギー的・即物的」な姿勢をとることにより、ドグマに囚われずあらゆるアクターと短期的な個別の関係を結ぶことができるという高度の柔軟性を保つことである。

言い方を変えれば、域内諸国間相互の関係や対米関係の如何にかかわらず、あらゆるアクターと一定の対話チャンネルを有することは、ロシアが仲介者あるいはバランサーとして振舞いうることを意味する。実際、シリア内戦においてロシアはアサド政権に対して軍事的支援を提供する一方、「イスラム国（ＩＳ）」以外のほぼあらゆるアクター（ここには米国やＩＳ以外の反体制派も限定的ながら含まれる）との対話を可能とすることにより、シリア情勢に関して大きな影響力を獲得することに成功した。中東地域内の各アクターに対して、当該各アクター間のそれよりも緊密な関係を持つことが、ロシアにとってのアドバンテージをもたらしていると言える。[118] つまり、「戦略を持たない」ことがロシアの中東戦略なのだという見方だ。

もちろん、このような関係性によって得られる個々のアクターとの関係性は、短期的・便宜的なものとならざるを得ない。しかし、それがロシアにとってどの程度の問題となるかは、ロシアが中東政策において追求する目標如何に掛かってこよう。つまり、ロシアにとって中東そのものへの影響力が問題なのか、中東への影響力を他の何らかの問題に関する影響力に変換しようとしているのか、ということである。

多くのロシア専門家は、シリアへの介入がウクライナへの介入と連続して発生したことを偶然とは見ていないようだ。つまり、ロシアのシリア介入は、ウクライナ問題で悪化した立場を何らかの形で改善しようとするとの狙いの下に行われたのではないかということである。

たとえば米国に拠点を置くシンクタンク「ジオポリティカル・フューチャーズ」のロシア専門家シャピロは次のような構図を提示する。ＩＳの台頭に対してシリアで最も強力な対抗勢力はアサド政権軍であったが、米国はこれをあてにすることができず、反体制派に対する支援を図ったもののほとんど成果を得ることができなかった。そこでアサド政権への支援という米国にはできない「汚れ仕事」を引き受けることによって米国の中東政策において無視できない存在となり、ウクライナ問題をめぐる米国の姿勢軟化につなげようとしたのではないかという見方である。[119]

一方、ロシア科学アカデミー世界経済国際関係研究所（ＩＭＥＭＯ）のステパノヴァは、ロシアの指導部が「アラブの春」を旧ソ連諸国における「カラー革命」と重ね合わせ、外部からの干渉による体制転換への脅威認識を募らせたという側面をより強調する。[120]「アラブの春」が「米国の陰謀による体制転換」であるという陰謀論的認識についてはすでに述べたが、このような認識に基づけば、アサド政権の擁護は「米国の世界戦略を阻止する」というより対決的な文脈の中に位置付けられることになる。ここまで見てきたロシアの対外政策全般と重ね合わせるならば、現実に妥当するのは、どちらかと言えばこの種の対決的な姿勢ではないか。

いずれにしても、ロシアの中東関与が2010年代に入ってから急激に活発化した背景には、ウクライナをめぐる米露の角逐《かくちく》と「アラブの春」を発端とした中東地域の不安定化という事情が存在したことは指摘できそうである。しかも、中東情勢が不安定化する一方で米国が直接的な関与を後退させたことは中東諸国の不安を招き、ロシアの介入による安定化の価値を高めることになった。[121]

ただし、現実にロシアがシリア介入を対米レバレッジに転換できているか否かはまた別の問題であろう。米国の中東戦略においてロシアが無視できない存在となったことは事実であるが、それがために米露関係が改善する兆しは本書の執筆時点では見られない。むしろ米国による対露制裁は厳しさを増す一方であり、ロシアのシリア介入が想定した効果を生んでいるのかどうかは大いに疑問である。

他方、ロシアの介入には対米関係以外にも様々な理由が指摘される。たとえばロシア経済を支える原油価格の維持、ロシア製の武器や原子力発電所の売り込み、欧州での孤立を相対化するための友好国の拡大――などである。[122]こうした実利と対米関係上の影響力確保という思惑が交錯した結果、浮上してきたのがシリアへの介入やそれと前後して始まった中東への再進出であったと言えよう。

中東域内大国との容易ならざる関係

これまで見てきたように、ロシアは中東における米国の影響力低下を巧みに利用し、自国に利用可能な政治的・経済的・軍事的資源の範囲内でその影響力を大きく高めた。

さらにロシアはシリアにおける海空軍拠点を21世紀半ばまで維持するとの合意をアサド政権とり付けており、エジプトやリビアでも軍事拠点の獲得を目指していると見られる。ロシアの中東における軍事的関与は、長らく武器輸出や情報機関の活動を通じたものに留まってきたが、シリア介入以降のロシアはよりハードなプレゼンスを志向しているようだ。少なくとも、ソ連が地中海諸国の沿岸部に保有していたような、限定的な軍事プレゼンス程度のものは復活させようとしているのだろう。

他方、ロシアの軍事的関与は各種の制約から限定的なもの（「限定行動戦略」）とならざるを得ず、それゆえに介入先の現地諸勢力との関係が決定的な重要性を持つ。特に注目されるのが、イランとの関係だ。

すでに述べたように、ロシアは大規模な地上戦力を中東に派遣することができず、したがって地上戦力の少なからぬ部分をイランの公然・非公然部隊に頼ってきた。また、ロシアが中東に航空部隊を派遣したり巡航ミサイルを撃ち込んだりする場合、その主要なルートはロシア南部からカスピ海を経てイラン上空に入り、さらにイラク上空からシリア、というルートになる。イランの協力なくしては、そもそもロシアの軍事作戦は大きく制約されざるを得ない。

２０１６年にはロシア軍の爆撃機がイランのハマダーン空軍基地から発進して、シリア西部を爆撃したこともある。しかし、イランは憲法で自国領内に外国軍基地を設置することを禁じており、これはイランの国内政治上、微妙な問題であった。このため、イランはロシアへの基地提供を秘密裏にしておきたかったようだが、ロシア側がイランに図ることなく基地使用を公にしてしまったため、ロシア軍のイラン展開はごく短期間に終わった。[123] ロシアはエジプトとも空軍基地の租借交渉を行っているとされるが、エジプトもまた外国軍基地の設置を憲法で禁止していることに加え、同国の米国との関係を考えれば、シリアほど大規模な軍事プレゼンスを継続的に展開させうるかは疑問符がつく。

中東へのパワープロジェクションに関しては黒海経由という方法もあるが、この場合はトルコの領空や同国が押さえるボスポラス・ダーダネルス海峡を通過せざるを得ない。ことに東地中海に展開するロシア海軍の艦艇やその補給が黒海艦隊を基盤としていることを考えると、トルコに対するロシアの脆弱性は小さくない。

この意味では、２０１５年11月に発生したトルコ軍によるロシア軍機の撃墜はロシアにとっては危機的状況であったが、２０１６年に入ってから両国関係が劇的な改善をみると、今度はシリアに向かうロシア軍機がトルコ上空を通過するようになった（ただし、あくまでも人員輸送機に限られており、爆撃機や戦闘機は依然としてカスピ海を経由している）。

また、イランは近年、中東における懸念要因としての性格を再び強め始めている。イエメンをめぐるサウジアラビアとの対立、ゴラン高原へのイラン革命防衛隊の展開をめぐるイスラエルとの対立、そして核開発疑惑をめぐる米国との対立がそれである。一面においては、こうした状況は、イランとその敵対国の双方とチャンネルを持つロシアの影響力を高める契機と見ることもできよう。他方、これまで見てきたように、ロシアの影響力は全方位的である分、限定的なものでもあり、仲介者として決定的な力を発揮できているわけではない。ことに２０１８年にはイスラエルがシリア領内に展開するイラン革命防衛隊やヒズボラに激しい空爆を加え、新たな紛争の再燃が懸念されたものの、ロシアは、イランをシリアから撤退させたり、イスラエルに空爆を手控えさせたりすることはできなかった。

何よりも決定的なのは、ロシア自身の対中東関与が対米関係の観点から展開されているものであるために、このような制約を緩和する意思そのものがロシア側に乏しいことであろう。当の中東諸国にしても、体制の存亡そのものをロシアに依存しているシリアを除き、米国に対するレバレッジとしてロシアに価値を見出しているのであって、ロシアが米国に代わる存在とはみなされていない。

まとめるならば、ロシアは中東への影響力を回復する途上にあるものの、その度合いはあくまでも域外大国としてのそれに留まると考えられよう。

第6章

北方領土をめぐる日米中露の四角形

「ほら、お前たち、これはどこから来たと思う？」

「あそこからさ、バーチャ！」シェーレトがにっこり微笑む。

「いかにも、あそこからだ」とバーチャは続ける。「それに肉だけではない。パンにしても中国のものを食べている」

「中国製の〈メーリン〉を走らせている！」プラーウダが歯をむき出す。

「中国製の〈ボーイング〉で飛んでいますな！」ポロホフシチコーフが口を挟む。

「中国製の銃で陛下は鴨を撃ちなさる」お抱え猟師がうんうんと頷く。

「中国製のベッドで子どもをこさえる！」ポトゥイーカが絶叫する。

「中国製の便器で用を足す！」と私が付け加える。

皆が笑う。バーチャは賢人のように人差し指をぴんと立てる。

「その通り！　そして、我々の国の状況がそのようなものである限り、我々は中国との友好と平和を保つ必要があり、戦争や不和を起こしてはならぬのだ」[124]

——ウラジーミル・ソローキン『親衛隊士の日』より

１．北方領土と「主権」

プーチン大統領の爆弾発言

ロシア政府は、毎年９月、ロシア極東のウラジオストクで「東方経済フォーラム」と呼ばれるイベントを開催している。極東の振興を図るための、ロシア政府肝いりのイベントで、極東開発に力を入れてきたプーチン大統領も毎年参加する。対露外交を重視する日本の安倍政権にとっても東方経済フォーラムは重要な外交日程に組み込まれており、安倍首相も世耕経済大臣を伴って毎回出席してきた。もっとも、９月初頭ということになると参加する各首脳の訪問準備は８月から始めなければならず、事務方を務める各国外務省の担当者は夏休みを返上する羽目になるとも聞く。

２０１８年には、その東方経済フォーラムが突如として大きな注目を集めた。各国の首脳が登壇する全体会合の席上、プーチン大統領が突如として「年内にいかなる前提条件も設けずに平和条約を結ぼう」との提案を行ったためである。プーチン大統領は「たった今、たった今」と二度繰り返した上で、そのアイデアが「今、頭に閃《ひらめ》いた」と述べたが、その言葉を素直に受けることはできまい。外交当局者に諮ることなく口にするには、それはあまりにも重大な発言であった。

第二次世界大戦末期、日ソ中立条約を一方的に破棄して対日参戦したソ連軍は、日本によるポツダム宣言受諾後も戦闘を続け、1945年9月1日までに国後、択捉、色丹の3島を占拠した。日本政府が米戦艦ミズーリ艦上で降伏文書に調印した後もソ連軍の侵攻は続き、9月5日には歯舞群島のすべてがソ連軍の占領下となった。現在まで続く、北方領土問題の始まりである。

戦後の1951年に締結されたサンフランシスコ講和条約第2条c項では、「日本国は、千島列島並びに日本国が1905年9月5日のポーツマス条約の結果として主権を獲得した樺太の一部及びこれに近接する諸島に対するすべての権利、権限及び請求権を放棄する」と定められたことから、一見すると日本は北方四島を放棄してソ連の占領を追認したように見えなくもない。ただし、条約の文言には「誰に対して」放棄されるのかは明示されなかった。当初、ソ連側はc項に「ソ連の完全な主権」という文言を入れるように主張したが容れられず、結局、条約に調印しなかったためである。

1956年に結ばれた日ソ共同宣言第9条では、「日ソが平和条約を締結したのちに、歯舞群島と色丹島を引き渡す」ことが定められた。歯舞群島と色丹島は北海道の一部であり、放棄

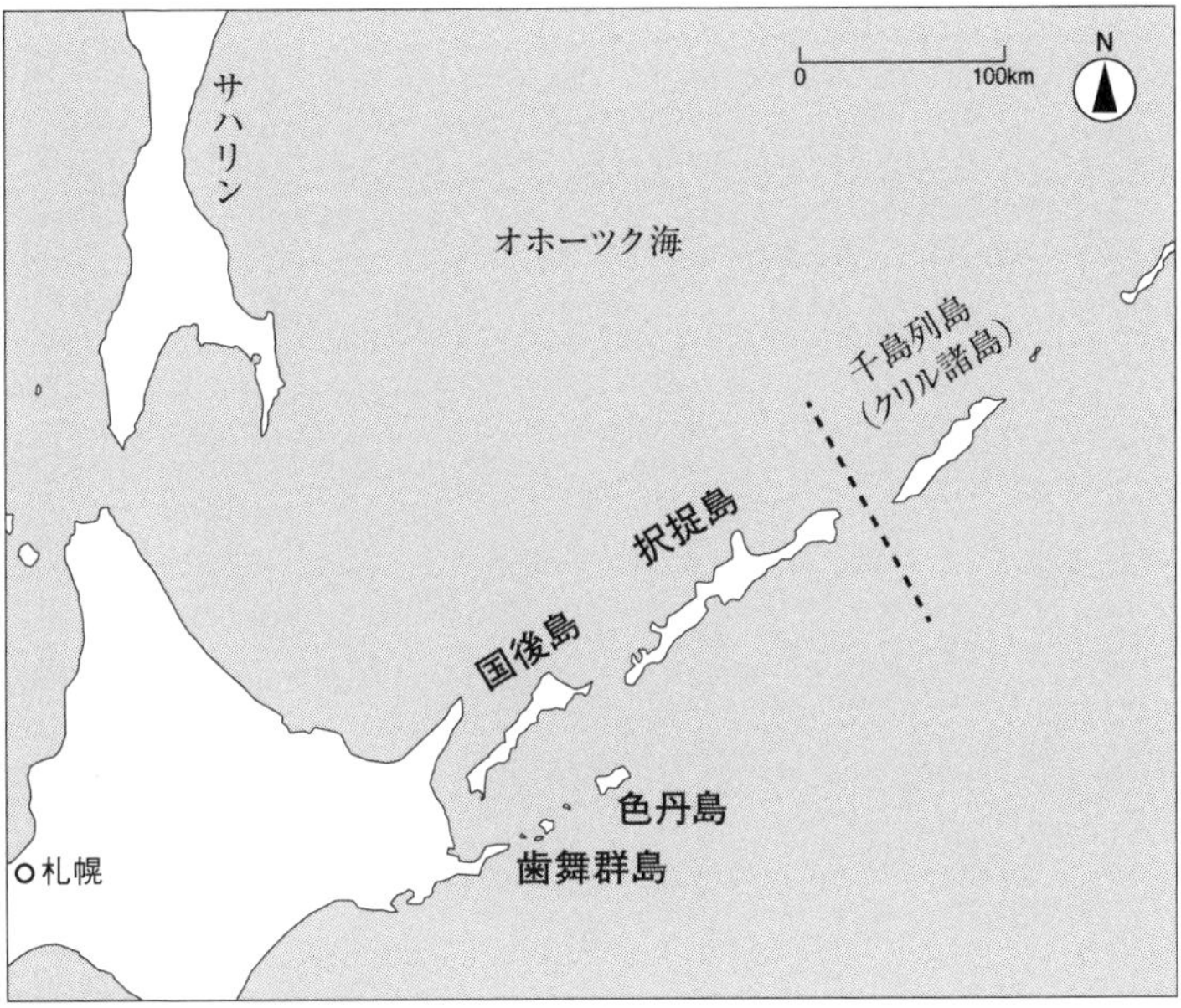

図10　北方四島周辺図

された千島列島には最初から入っていないという日本の立場を難交渉の末にソ連に認めさせた結果であるが、残る国後島と択捉島の扱いについては玉虫色の決着となった。共同宣言本文からは「領土問題を含む平和条約」という文言が削られる一方、日本の松本全権とソ連のグロムイコ首相が「領土問題を含む平和条約締結に関する交渉を継続することに同意する」とした書簡（いわゆる「松本・グロムイコ書簡」）を公表したのである。しかし、日ソの平和条約交渉はその後、停滞の時代に入る。1960年の日米安保条約改定を受けてソ連は対日姿勢を硬化させ、領土問題は解決済みという立場をとるようになった。

事態が大きく動くのは、ソ連最末期の1991年になってからであった。同年4月に訪日したゴルバチョフ大統領と日本の海部首相による日ソ共同声明がそれであり、この中では北方四島の名前を具体的に列挙した上で、「領土確定の問題を含む日本とソ連との間の平和条約の作成と締結に関する諸問題について詳細かつ徹底的な話し合いを行った」ことが明記された。北方四島が帰属の定まらない係争地であることを、ソ連が30年ぶりに認めた画期と言える。

この方針はソ連崩壊後のロシア政府にも引き継がれ、エリツィン大統領と細川首相による1993年の東京宣言では、やはり北方四島の名前を具体的に挙げて、これらの島々が日露間の係争地であることが再確認された。エリツィン大統領と橋本首相が合意した1997年のクラスノヤルスク宣言や、2001年にプーチン大統領と森首相が発出したイルクーツク声明で

東方経済フォーラムにて。左から安倍首相、習近平主席、プーチン大統領（2018年9月12日、ウラジオストク）

も、東京宣言は平和条約交渉の基礎であると明記されている。つまり、北方領土はまだ日露いずれのものとも定まらない係争地域であるというのが、冷戦後の日露が積み重ねてきた「前提条件」であった。[125]

　このような経緯を踏まえるならば、プーチン大統領のウラジオストク発言は日本側として到底看過できるものではない。四島の帰属を確定するという「前提条件」を飛ばして平和条約に調印することになれば、日露の戦後処理はそこまでとなってしまい、領土問題をどのような形態・条件・時期において処理するのかはロシア側の胸三寸ということになりかねないためである。実際、プーチン大統領の発言を受けた安倍首相はその場では苦笑いを浮かべるばかりで返答を避けたが、その後、一対一の場では提案を拒否する旨を明言したと伝えられている。

強気のロシア

だが、その直後から、日本政府は立場を一変させ始めた。

プーチン大統領のウラジオストク発言があった翌9月13日、菅官房長官は「日ロ関係の発展を加速させたいとの強い気持ちの表れではないか」と発言。安倍首相自身も、プーチン発言は「平和条約締結への意欲の表れだと捉えている」と述べ、にわかに好意的な姿勢を示し始めたのである。

そして同年11月にシンガポールで行われた日露首脳会談後、安倍首相は「日ソ共同宣言を基礎として平和条約交渉を加速させることでプーチン大統領と合意した」ことを明らかにした。あえて東京宣言以降の諸合意には触れず、日ソ共同宣言を基礎とするというこの発言は、「前提条件なしの平和条約締結」というロシア側の提案を受け入れたともとれる。この結果、日本政府は北方四島全体の帰属を争わず、歯舞・色丹両島の引き渡しを以て領土問題の解決が図られるのではないかという「二島」論が大きく注目されるようになった。

しかし、日本側がこのような妥協を示してもなお、交渉の見通しは容易ではない。すでに広く報じられているように、安倍首相の発言を受けたプーチン大統領は、日ソ共同宣言では「引

シンガポールで行われた日露首脳会談（2018年11月14日）

き渡しの根拠や、どちらの主権になるのかは明記されておらず、引き渡しの用意があると述べているに過ぎない」として「真剣な検討が必要だ」と発言している。[126] 2019年1月に実施された日露外相会談でも、ロシアのラヴロフ外相は北方領土が「第二次世界大戦の結果としてロシア領になった」という従来の原則的な立場を繰り返した上、「北方領土という呼称を用いることは受け入れられない」と述べるなど、[127] 依然として強硬な姿勢を崩していない。

中でも日本として看過できないのは、日ソ共同宣言では島を「引き渡す」と述べているだけであって、引き渡し後の北方領土が「どちらの主権になるかは明記されていない」というプーチン大統領の発言であろう。シェイクスピアの『ベニスの商人』で用いられた、「肉を引き渡すとは書いてあるが、血については触れていない」論法よろしく、「引き渡すとは言ったが主権まで渡すとは言っていない」という論法である（日本人としては「一休さん」を想起したくなる）。日ソ共同宣言の文言解釈をめぐってロシア側が最大限の条件闘争を行う姿勢であることは明らかであろう。

「半主権国家」としての日本

日本側が妥協を示しているにもかかわらず、ロシアが姿勢を軟化させない理由としては、安全保障の理由が指摘されることが多い。ロシアは返還後の北方領土に米軍基地が設置される可能性等を懸念しており、それゆえに北方領土を主権込みで日本に引き渡すことはできないというものである。

だが、ロシア側が提起する安全保障上の懸念とはそもそも何なのだろうか。そこでまずは近年におけるプーチン大統領の発言を確認してみよう。

●日本テレビとの会見[128]（２０１６年12月）

・日本には同盟上の義務がある

・日本はどこまで自由で、どのくらいまで踏み出す用意があるのかを見極めなければならな

い

●東京における記者会見での発言[129]（２０１６年12月）

・ウラジオストクとその北には大規模な海軍基地があり、太平洋への出口である

・日米の特別な関係と日米安保条約の枠内における条約上の義務を考慮すれば、この点について何が起こるかわからない

●サンクトペテルブルクにおけるマスコミ代表者との会見[130]（２０１７年６月）

・アラスカや韓国など、アジア太平洋地域で米国のミサイル防衛（ＭＤ）システムが強化されており、ロシアにとっての安全保障上の脅威である

・我々は脅威を除去せねばならず、島（北方領土）はそのために好適な位置にある

・返還後の北方領土には米軍基地が設置される可能性が排除できない

・これは日米間の合意の帰結であり、公開されていないが、我々はその内容をすべて知っている

●モスクワにおけるマスコミ代表者との会見[131]（２０１８年12月）

・沖縄では米軍基地移設に対する反対運動が広がっているが、その声が日本の政策に反映されていない

・この問題について、日本にどこまで主権があるのかわからない

・日露が平和条約を締結した後に何が起こるかわからない。これに対する答えなくして具体的な解決策をとることはできない
・米国のＭＤシステムは戦略核戦力の一部であり、防衛的な性格であると理解することはできない

●モスクワにおける企業団体代表者との会見[132]（２０１９年3月）
・日本との交渉の勢いは失われた
・日米安保条約の下では米国は通告さえすれば日本の領域内に軍事基地を設置できるのであって、日本が平和条約交渉を始めたいならば日米安保条約を脱退せねばならない

２０１６年から２０１９年までに行われた一連の発言から明らかなように、プーチン大統領は返還後の北方領土に米軍基地が設置される可能性に対して度々懸念を表明している。ロシアのパトルシェフ国家安全保障会議書記も、２０１６年11月に訪露した日本の谷内国家安全保障局長に対して、米軍基地設置の可能性に関する質問を行ったという報道がある。[133]これに米国のＭＤ計画に対する不信感[134]や海軍の太平洋に対するアクセスが制約される可能性への危惧が加わったのが、ロシア側の提起する主要な懸念ということになろう。

加えて興味深いのは、ロシアの唱える「安全保障上の懸念」と一体の問題として、日本の主

権に関する疑念が度々表明されていることである。プーチン大統領は、北方領土における米軍基地設置を日本が拒否できるのかを繰り返し疑問視し、２０１８年12月のマスコミ代表者との記者会見では「日本にどこまで主権があるのかわからない」とまで述べている。第２章で述べたロシアの秩序観からすれば、安全保障を日米同盟に依存する日本は完全な主権を有さない「半主権国家」であるという結論が導かれるが、これを敷衍するならば、日本が日米同盟の下にある限りロシアの不信は払拭されないことになる。「半主権国家」である日本がロシアと何を約束しようと、米国に強く言われれば北方領土に米軍基地や戦闘部隊が展開する可能性は排除できないというのがロシアの日本観であるからだ。

しかも、プーチン大統領は、そのような密約が日米間に実際に存在しており、その内容を知っているとまで主張している。これは日本の外務省が作成した日米地位協定についての解説書「日米地位協定の考え方」を指すものだろう。同文書は１９７３年に作成され、１９８３年に増補された機密文書であるが、琉球新報社がこの増補版を入手して２００４年に出版した。[135]この文書では、日米地位協定第２条（施設・区域の提供と返還）第１項に関して、「我が国は施設・区域の提供に関する米側の個々のすべての要求に応じる義務を有してはいない」としつつ、「関係地域の地方的特殊事情（たとえば、適当な土地の欠如、環境保全のための特別な要請の存在、その他施設・区域の提供が当該地域に与える社会・経済的影響、日本側の財政負担との関係）

により、現実に提供が困難な（中略）事情が存在しない場合にも我が国が米側の提供要求に同意しないことは安保条約において想定されていないと考えるべきである」と述べられている。さらにこの一文には、「このような考え方からすれば、たとえば北方領土の返還の条件として「返還後の北方領土には施設・区域を設けない」との法的義務をあらかじめ一般的に日本側が負うようなことをソ連側と約することは、安保条約・地位協定上問題があるということになる」との注が付されている。ロシア側からすれば、北方領土の返還が米軍基地の設置を排除できない証拠、あるいはそのように主張する上での根拠ということになろう。

このようなロシア側の不信感に対して、日本側は、在日米軍はロシアに対して敵対的な存在ではないとの説明を繰り返しているほか、[136] 在日米軍のマルティネス司令官も「現在、これらの島に戦力を置く可能性はない」と2019年1月に発言している。[137] しかし、ロシア国営テレビのニュース番組「ヴェスチ・ニェジェーリ」はこのマルティネス司令官の発言を「ロシアが現時点では、アラスカにロシア軍を配備する計画はないと言っているようなもの」と一蹴するなど、[138] ロシアの対米不信は依然として根深い。

2. 北方領土の軍事的価値

ロシアの軍事戦略から見た北方領土

では、以上のようなロシア側の不信感は、純粋に軍事的な観点から見てどのように解釈されるべきであろうか。特に北方領土への米軍基地展開の可能性は、ロシアの安全保障にどのような影響を及ぼすのであろうか。

この点については、そもそも北方領土駐留ロシア軍がどのような状況にあり、それらがロシアの軍事的構想の中でどのような位置付けにあるのかを考察することから始めるのが適当であろう。

現在、ロシア軍東部軍管区は陸軍第68軍団（司令部：サハリン）の隷下に第18機関銃砲兵師団を擁し、同師団を北方領土に展開させている。第18機関銃砲兵師団の司令部および主力は択捉島の瀬石《せせき》温泉（ロシア名ガリャーチエ・クリュチー）に置かれ、この他に国後島にも1個連隊を基幹とする部隊が駐留する。冷戦期には色丹島にも1個連隊が設置されていたが、ソ連崩壊後に撤退した。また、択捉島に以前から海軍の地対艦ミサイル部隊と航空宇宙軍のヘリコプター部隊がロシア本土から分遣されていたが、前者は2016年に新型の3K55バスチョン地対艦ミサイル（射程300キロメートル）に装備更新された他、2018年夏頃にはSu-35S戦闘機およびSu-25攻撃機少数が展開したことが衛星画像で確認できる。[139] 北方領土の戦闘機部隊は1993年に撤退していたから、25年ぶりの戦闘機配備ということになる。一方、国後島では、択捉島へのバスチョン配備と同時期に3K60バール地対艦ミサイル（射程130キロメートル）が配備された（国後島に地対艦ミサイルが配備されるのはソ連時代まで遡ってもこれが初めて）。老朽化した軍事インフラの代替や、新たに配備された兵器の格納施設の建設が進んでいることも公開情報や衛星画像から確認できる。

これらの北方領土駐留部隊は、北方領土を構成する島々自体を防衛する任務を負っていることもちろんながら、より広範な軍事戦略上の意義を有してもいる。すなわち、北方領土を含めたクリル諸島（北方領土と千島列島を併せたロシア側の地理的概念）の内側に広がるオホーツク海の防衛である。

オホーツク海はカムチャッカ半島に配備された弾道ミサイル原潜（SSBN）のパトロール海域とされており、北極海をパトロール海域とする北方艦隊のSSBN部隊と並んでロシアの核抑止力（特に第二撃能力）を担う。ロシア海軍を構成する他の艦隊（バルト艦隊、黒海艦隊、カスピ小艦隊）にはSSBNは配備されていないことから、太平洋艦隊の戦略的意義は極めて高いのである。この意味では、北方領土駐留ロシア軍は島そのものを防衛するだけではなく、これを通じてオホーツク海全体を防衛する任務を帯びていると考えることができよう。

実際、第二次世界大戦において北方領土を占領したソ連軍は、1950年代に戦闘機部隊を除く大部分の兵力を一度撤退させている。ソ連軍が北方領土に地上部隊を再配備したのは1978年のことであるが、このタイミングはカムチャッカ半島にSSBNが配備されたのとほぼ同時期であり、核戦略とのリンケージは明らかであろう。これはソ連海軍司令官を長く務めたセルゲイ・ゴルシコフ提督の「防護戦闘遂行地域（ZRBD）」構想を反映したものであり、今日でいう接近阻止・領域拒否（A2／AD）アセットで防護されたエリアの内部にSSBNを遊弋《ゆうよく》させておくことで有事に第二撃能力を確保することを意図していたとされる。[140] ZRBDはオホーツク海と北極海に設定され、冷戦期の米国はこれらをソ連海軍の「要塞（バスチョン）」と呼んだ。他方、軍事評論家のアレクサンドル・ゴーリツは、このような「要塞」戦略が正式に採用されたのはソ連崩壊後の1992年であるとしており、[141] この主張が正しければ「要塞」戦略は冷戦後に具体化したことになる。

「核要塞」のコンセプトがどの時点で採用されたものであるにせよ、ソ連崩壊後のロシアが見舞われた深刻な財政難は、このようなコンセプトを実現する能力を著しく制約した。クリル諸島に配備された兵力の大部分や太平洋艦隊のSSBN部隊は長らく装備更新されることなく老朽化するに任された上、北方領土では反乱[142]、犯罪[143]、食糧不足[144]など、士気および規律の低下を窺わせるニュースが度々報じられている。また、プーチン大統領は、２００３年に軍部からカムチャッカ半島の原潜基地閉鎖を打診されたことを２０１２年の国防政策論文で明らかにしており[145]、オホーツク海の「核要塞」は放棄寸前の状況であったと言えよう。

しかし、２０００年代後半以降、こうした状況には変化が生じ始める。２００７年にスタートした「２０１５年までの国家軍備プログラム（ＧＰＶ－２０１５）」や、その後継計画として策定された「２０２０年までの国家軍備プログラム（ＧＰＶ－２０２０）」、「２０２７年までの国家軍備プログラム（ＧＰＶ－２０２７）」によってロシア軍の装備近代化は大きく進展し始め、北方艦隊および太平洋艦隊では新型の９５５型（ボレイ級）ＳＳＢＮの配備が開始された。

これに加えて２０１４年以降には対米関係の悪化によって核抑止力の意義が従来以上に高まり、これら新型ＳＳＢＮを防衛するために北極およびオホーツク海の「核要塞」の再構築が重点課題となっていった。軍事専門家の中には財政悪化を理由にＳＳＢＮ戦力の縮小を提案する声もあるが[146]、実際にはＳＳＢＮ戦力はむしろ強化される傾向にある。北方領土における前述の軍事力近代化も、（純軍事的には）これら核抑止力を防護するＡ２／ＡＤアセット増強の一環として位置付けることができよう。

軍事の論理と政治の論理

このように、北方領土は核抑止という最上位の軍事戦略と密接な関連性を有する地域であり、これについてロシアが安全保障上の懸念を表明することには、一定の軍事的合理性を認めなければなるまい。

他方、このような懸念が対日交渉において実際にどの程度の影響を有するファクターであるのかは、別途検討を要する。この点を、純軍事的側面、二国間交渉戦術としての側面、よりグローバルな側面に分けて検討してみよう。

純軍事的に言えば、北方領土の引き渡しが極めて好ましくないことは明らかであろう。それは有事にロシアの核抑止力を脆弱化させるものであり、特に国後・択捉両島の引き渡しは大きな危険性を孕《はら》む。現状で配備されているA２／ADアセットを放棄せねばならないばかりか、かなり大規模な日米の軍事的アセットの展開が可能となるためである。色丹島および歯舞群島にはロシア軍が配備されておらず、地積の小ささから言っても日米の大規模な軍事的アセットの展開も困難であるが、電波傍受施設や水中聴音システムの展開、上空における偵察機の飛行といった可能性を考慮すれば、軍事的にはロシア側が確保しておくに越したことはない。

ただし、以上は純軍事の論理であって、これをロシア側の示す政治的態度の根本原因であるとみなす理由はない。経済や外交といったその他のファクターを総合的に考慮してメリットが上回ると判断されれば、軍事の論理では好ましくない決定であっても採用するのが政治の論理である。２００１年の米国同時多発テロ事件に際し、プーチン政権が中央アジアへの米軍展開を認めた事例や、サンクトペテルブルクから目と鼻の先にあるバルト三国のＮＡＴＯ加盟を認めた事例などは、ロシアにおいても時として政治の論理が軍事の論理を上書きしうることを示している。

したがって、ロシア側が軍事の論理を前面に押し立ててくることは、文字どおりに解釈されるべきではない。ロシアの軍部が抱いている懸念には偽りがないとしても、そのような懸念がロシア側のレバレッジとして利用されている可能性は（立証することは困難であるが）常に留意されるべきである。要は、「安全保障上の懸念」を唱えることで交渉を有利に進めようとしているのではないかということだ（その具体的内容については後述する）。

さらにロシア側の提起する懸念には、純軍事的な根拠の乏しいものもある。前述した、日韓のＭＤ計画（日本のイージス・アショア配備計画および韓国へのＴＨＡＡＤ配備）を北方領土と結びつける言説などはその典型であろう。すでに述べたように、オホーツク海は対米核抑止力の基盤としての意義を有するが、この場合、オホーツク海から発射される潜水艦発射弾道ミサイル（ＳＬＢＭ）は北回りの大圏航路をとるため、日本や、まして韓国のＭＤシステムは全く無力である。これはロシアの内陸部から発射される大陸間弾道ミサイル（ＩＣＢＭ）についても同様であって、日韓のＭＤがロシアの核抑止力を脅かすという議論は全く妥当しない。そもそもこうした活動の大部分は北海道からも可能であるが、現状で米軍が北海道に展開していないことは、ロシアの主張に純軍事的な裏付けが乏しいことを示している。

唯一考えられるシナリオは、ＭＤシステムを搭載した日米のイージス艦がオホーツク海や北太平洋に展開する場合であろう。ただ、ロシアの戦略核戦力は大規模かつ重層的なものであり、少数のイージス艦で無力化できるようなものではない上、そもそも北方領土は関係ないということになる。[147]

他方、よりグローバルな側面、言い換えるならば対米関係上の側面からはまた別の構図が見えてくる。ワルシャワ条約機構解体後に旧加盟国がＮＡＴＯに加盟し、米軍基地が設置された歴史的経緯は、ロシア側にとって「裏切り」と映った。前世紀から続くこうしたロシアの対米不信を考えるならば、北方領土をめぐる安全保障上の懸念は、単に日露二国間のそれに留まらず、よりグローバルな米露関係の影響を受けたものと考えられよう。この意味では、過去数年間の劇的な米露関係の悪化は日露交渉を強く制約する要因であると言える。[148]

3. ロシアとどう向き合うか

時間を味方につけるロシア

以上のように、北方領土の軍事的価値は、ロシアの対日交渉においてリアルな安全保障問題であると同時に、交渉上の便利なレバレッジとしても用いられていると考えられる。

では、ロシアは今後の日露交渉においてどのように出てくるだろうか。

第一に、日ソ共同宣言でいう「引き渡し」には主権が含まれていないという主張を、ロシアは今後も押し通してくる可能性が高い。この場合、日本には北方領土やその周辺における施政権だけを認め、主権はロシアが保持するという落としどころを提示してくるだろう。たとえば歯舞・色丹に日本人が渡航したり、島内および周辺海域で経済活動（現状では大きな制約を受けている漁業など）を行ったりすることは認めるが、そこではロシア法が適用され、日米安保条約の対象とすることは認めない、といったことが考えられる。

第二に、「引き渡し」が時間をかけて、段階的に行われる可能性もある。「経済協力だけを引き出されて島が帰ってこないのではないか」という「食い逃げ」警戒論が日本にあるように、ロシア側では「島を渡せば経済協力を反故《ほご》にされるのではないか」という逆「食い逃げ」警戒論が存在する。したがって、問題の解決になるべく時間をかけることで日本からより多くの見返りを期待できるということに（ロシア側の論理では）なる。

しかも、北方領土をロシア側が支配している以上、時間はロシアの味方である。時間の経過に従って北方領土のロシア化は今後も進行し、島の返還を待ち望む元島民は寿命によって減少していく。かつて約１万７０００人を数えた元島民の数は現在までに６０００人ほどになってしまっており、存命の元島民も平均年齢が84歳に達していることは「はじめに」で触れたとおりだ。

ちなみに厚生労働省の発表によれば、２０１７年の日本人の平均寿命は男性で81・９歳、女性でも87・26歳。あと10年もすれば、日本政府は元島民がほとんどいない状態で北方領土交渉を闘わねばならなくなる。ロシア側の狙いは、まさにこのような状況が訪れるまで粘ることであろう。

言い換えるならば、ロシアは最初から北方領土問題の短期解決を視野に入れていない可能性が高い。プーチン大統領が過去に、北方領土問題に期限を設けることは「有害でさえある」と述べたことは、そうした姿勢を示す一つの好例と言えよう。

噛み合わない日露の視線

一方、純軍事的な観点においては、返還後の北方領土に日米側の何らかの兵力配備制限を設けることや、査察や通告といった信頼醸成措置を実施することは一定の有効性を持つであろうし、実務上も不可能ではないと思われる。また、こうした措置はロシアが交渉戦術として持ち出す「安全保障上の懸念」を一定程度（あくまでも「一定程度」という但し書きを付した上であるが）緩和する働きも期待しうる。

他方で、ロシアの抜きがたい対米不信と、その米国によって「主権を制限された国」として日本をみなす態度とを転換することは、短期的にも長期的にも困難であると思われる。少なくとも、ロシアの安全保障上の懸念さえ緩和してやれば北方領土交渉が大きく進展するという幻想は抱くべきではないし、米国のコミットメントなしに日露間の実務的措置のみによってロシアの懸念を払拭することは望みがたいであろう。この意味では、8項目の経済協力と北方領土での共同経済活動を柱として安倍政権が掲げた「新しいアプローチ」は、本章で述べたどのような意味においても安全保障に関する視点が欠けていたと言わざるを得ない。

また、日本外交（というよりも日本社会）の対露姿勢は、どうしても北方領土という「点」からロシアを見ることになりがちである。ここでは、「北方領土は返ってくるのかこないのか」という二分法が関心を集める。２０１６年12月のプーチン大統領来日が、ほとんどお祭り騒ぎのように報じられたことは記憶に新しい。筆者もいくつかの番組に呼ばれて出演したが、例によってプーチン大統領の日本到着時刻が大幅に遅れたためにスケジュールが狂い、安倍首相とプーチン大統領の会食メニューが細々と紹介されるのをしばらく聞かされる羽目になった。

だが、問題は、プーチン大統領がなぜ遅刻したかである。実はプーチン大統領の訪日前日はシリアのアレッポから反体制派武装勢力が退去する最終期限であり、ロシア軍の監視下で実際に退去が進んでいる最中であった。第５章で述べたように、アレッポの陥落はロシアのシリア介入における一里塚と位置付けられており、プーチン大統領もギリギリまでクレムリンに留まって状況を監督していた可能性が高い。山口における日露首脳会談の翌日、東京の首相官邸で開かれた記者会見でも、ロシア側メディアのプーチン大統領に対する質問はシリア情勢に関するものから始まった。この時、クレムリンから眺めた世界の中ではどこがクローズアップされていたかは明らかであろう。

善かれ悪しかれ、ロシアはユーラシア大陸全体に利害関係を有するプレイヤーなのであって、その思考は「面」的である。日本が「点」に拘泥するにはそれなりの事情があるにせよ、それは巨大な「面」との接点の一つであるという意識は常に持っておく必要があろう。

4.「中国ファクター」の虚と実

「中露対立」への期待

日本にも「面」の思考がないではない。たとえば急速に台頭する中国の脅威に対抗するためロシアと連携しようという、よく目にする考え方は、その一例であろう。ロシアとの平和条約締結交渉は「中国の脅威に日露が共同対処することも念頭にある」という、自民党の河井克行総裁外交特別補佐の発言[149]に見られるように、安倍政権の対露外交の背後にも中国への脅威認識が常に存在してきたと思われる。

しかし、この考え方は、ロシアが日本と同じように中国への脅威を感じている筈だという前提に基づいている。アジアに位置する日本と、ヨーロッパに中心を置くロシア。海を隔てて中国と対峙する日本と、4000キロメートルもの陸上国境を接するロシア。米国の同盟国である日本と、米国との反目を強めるロシア――。これだけ多くの異なる条件を抱えた日露の対中認識は、果たして簡単に一致するものだろうか。そして、この点が検証されることなくしては、日本が期待する「対中国での日露連携」というビジョンの妥当性はそもそも測れないのではないだろうか。

日本において「中国の脅威」が語られるとき、その意味合いは一様ではない。それは近代以来常に「東洋一」であり続けてきた日本の立場が失われることへの恐怖や苛立ちであったり、中国の権威主義的な統治体制やその拡散に対する警戒感であったり、あるいは日米と中国の間における軍事バランスが崩れることに対する懸念であったりするが、いずれにしても、中国と日本の関係は競争的なものとしてイメージされることが多いように思われる。

翻って、ロシアはどうか。中国への警戒感を募らせる日本の世論にとって、「ロシアが対中警戒感（あるいは脅威認識）を抱いている」という話題はそれなりにウケがよい。ロシアは中国の「人口圧力」すなわち大量に押し寄せる中国移民を警戒している、中国はロシアの軍事技術を違法コピーしている、ロシアは中国の中央アジア進出や北極進出を快く思っていない――といった話は日本で（多分に期待を込めつつ）しばしば語られるところである。

後述するように、これらはいずれも事実ではある。だが、それは日本が期待するような中露決別をもたらし、ロシアが日米とともに中国封じ込めに加わるようなインパクトを持った問題なのだろうか。

「象の隣で眠る」街――ハバロフスク

２０１９年1月、筆者はロシア極東の街ハバロフスクを訪れた。19世紀半ばにロシア帝国が極東進出の拠点としてアムール川沿いに築いた街であり、その名は17世紀に極東を探検したロシアの探検家エロフェイ・ハバーロフにちなむ。現在も極東連邦管区の全権代表事務所が置かれており、「極東の首都」と呼ばれるほか、東部軍管区司令部を擁する軍都でもある。それだけに街並みは想像していたよりもずっと立派だったが、その前に訪れたリガやタリンと比べるといかめしい印象も強かった。通りやレストランでも制服姿の軍人が目立つ。

ハバロフスクはまた、国境の街でもある。筆者が泊まったホテルのすぐ裏ではアムール川が流れ、中洲の向こうはもう中国だという。さすがに市内から中国側は見えないが、車で少し南下したカザケヴィチェヴォ村まで行ってみると、川岸から中国の沿岸を望むことができた。国境警備隊の監視タワーがあるのが国境の街らしいが、さらによくみると川向こうに金属色を放つ奇妙なオブジェのようなものが認められた。漢字の「東」の形をしている。

この辺りはアムール川とウスリー川の合流地点であり、その部分が角のように東に突き出している。したがって、中国の最も東の地点ということでこのようなモニュメントが建てられたようだ。

他方、対岸のロシア側は至って地味である。カザケヴィチェヴォ村は極東に進出してきたコ

アムール川の中洲にある大ウスリー島に建てられた中国のオブジェ

サックの砦に端を発するという村落で、あまり目立った産業がある様子はない。川岸にはロシアの国境を示す赤と緑の塚が立っており、ロシアの国章である双頭のワシが刻まれているが、それがなければただの寒村というところであろう。村に通じる道には国境警備隊の検問所が設けられており、地元の住民か許可を得た人間（我々は現地総領事館の尽力により事前に許可を得ていた）しか通れないという。巨大な「東」のモニュメントが輝く中国側と比べると、いかにも寂しい雰囲気は否めなかった。

　厳密に言えば、「東」のモニュメントがあるのは中国の本土ではなく、アムール川とウスリー川に挟まれた中州、大ウスリー島（中国名：黒瞎子《ヘイシャーズ》島）に建てられている。かつて中ソ国境紛争の舞台となり、２００４年の中露国境協定によってその西部が中国に引き渡されたという歴史を持つ島だ。だが、橋を渡って島に上陸してみると、恐ろしく何もない。白茶けた土地が延々と続き、放棄された農場がところどころに目につくぐらいで、経済活動どころか人間の姿さえ見当たらない。冷戦後の中露国境交渉でロシア側（特にハバロフスク市）があれほど固執した島だとは思われなかった。[150]

ハバロフスクにある科学アカデミー極東支部経済研究所を訪れて話を聞くと、大ウスリー島の開発計画は何度も浮かんでは消えてきたのだという。中国との共同開発に期待する声もあったが、中露の格差がこれだけ開いた現在では中露どちらもすっかり関心を失っている。「大ウスリー島のことを考えるのはもう疲れたんですよ」とある研究員は半ば投げやりに語った。

そして、国境を挟んで発展度合いに著しいアンバランスが生じているという状況は、何もハバロフスクに限ったことではない。ソ連崩壊後、国家主導の極東開発が停滞し、各種の優遇措置も無くなったことで、ロシア極東部では人口減少に歯止めがかかっていない。ロシアの極東連邦管区は695万平方キロメートルと日本の15倍もの面積を有するにもかかわらず、人口はわずか617万人ほど。ソ連時代には800万人以上の人口がいたことを考えれば、わずか四半世紀のうちに4分の3に縮小してしまったことになる（2019年に極東連邦管区の範囲が拡大したことで統計上の人口は急増したが、各地域の人口自体が増えたわけではない）。人口の減少が経済の停滞を招き、停滞する経済を嫌ってまた人が逃げ出すという悪循環が続いてきたのがソ連崩壊後の極東だった。

ハバロフスクの街並みにはそう寂れた感じはないが、ハバロフスクから人が出て行く分、極東の田舎から人がハバロフスクに集まってくるので、都市部では収支がとれているのだという。ただ、これはタコが自分の脚を食べているようなものであって、いつまでも持続可能なサイクルではないだろう。タコの脚もいずれは尽きる（イカでさえ10本しかない）。

この負のサイクルをなんとか止める手立てはないのだろうか。そう考えて現地の専門家たちに質問をぶつけてみたが、「ハバロフスクは太平洋に近いので海に関連する仕事なんかがあればいいのでは」という曖昧な返事しか返ってこなかった。科学アカデミーの専門家たちにも極東の未来図は描けていない、という印象を強く持った。

少し遠回りをしたが、このようなロシア極東の現状に鑑みたとき、中国はどのような存在と映るのだろうか。川向こうの中国東北部には1億人の人間が暮らす。「人口圧力」への警戒感はやはりあるのではないだろうか。

「ある。ただし、それは長期的なものであり、差し迫ったものではない」

というのが経済研究所所長の答えだった。たしかに中露の人口格差は深刻だが、中国人がそう大量に極東に押し寄せているわけではないという。すなわちソ連崩壊後には不法移民が大挙してやってきた時代もあったが、現在は中国の方がはるかに発展してしまい、ロシア側に移り住んでくるメリットは失われた。モスクワにはそういう警戒感があるのかもしれないが、現地の感覚には妥当しない……そう言われてみると、ハバロフスクの街中ではあまりアジア人の姿は見かけないようだった。少し川を下ったところにある観光地ザイムカでは中国人観光客の姿を数多く目にしたが、住民や労働者としての中国人はどうもあまり多くない。極端な言い方をすれば、人口圧力を受けるほどの旨味が現在のロシア極東部にはないということなのだろう。

他方、中国に対する脅威認識が全くないわけではない。所長は中国についての見方を次のように話してくれた。

「私の意見は、カナダのトルドー元首相が米国について述べたのと同じです。つまり、『象の隣で眠るようなもの』ということです」

カナダのピエール・トルドー首相（のちのジャスティン・トルドー首相の父）が米国との関係を「象の隣で眠るようなもの」と喩えたのは1968年のことである。象（米国）の巨大な力なくしてはやっていけないが、かといって象が妙な具合に寝返りを打つとこちらも潰されかねない。

ロシアの中国観もこれと同じだという。巨大な力を持つ隣人とどう波風を立てずに付き合っていくか、言い換えれば、隣人をいかに隣人のままに留め、敵にしないかがロシア極東部の関心なのだ。隣の象が年々巨大になっていく中では特にそうだろう。

味方ではないが敵でもない

このような傾向は、極東に限らず、ロシアの対中政策全体にも見て取れる。ことに２０１４年のウクライナ危機以降はそれが顕著になった。

たとえば経済面を見てみよう。従来、ロシアの最大貿易相手国はドイツとオランダであったが、この数年は中国がトップとなり、２０１８年には両国の貿易高が初めて１０００億ドルを突破した。しかも、西側諸国がロシア経済の根幹であるエネルギー産業への制裁を強める中で、中国マネーはロシアのエネルギー産業を支える貴重な財源となりつつある。ロシアが経済的孤立を深めている中、中国との経済的関係は安全保障上の意義をも帯びつつあると言えよう。

また、中露は、権威主義的な統治体制の正統性という根本的な価値観を共有する関係でもある。巨大な領域内に多様な国民を抱える両国にとって、権威主義体制とはいずれ克服されるべきものとは最初から捉えられていない。不安定で巨大な国家を統治する上で不可欠な政体が権威主義体制なのであり、安易な民主化は国家の崩壊を招きかねないとみなされているのである。また、ロシアの場合、ソ連崩壊後に公共財の再分配がうまく機能せず、結果としてエリートとその他の分化が極端に進んだという構図が指摘されるが[151]、このようなエリートの既得権益を守る上でも権威主義は都合のよいものと言えよう。他方、民主化を標榜し、何かと中露の国内体制に注文をつけてくる米国の姿勢は、両国からすれば「内政干渉」ということになる。

　このような権威主義的国家モデルの共有は、勢力圏をめぐる中露の緊張をある程度緩和する効果も有する。中国の習近平政権がスタートさせた一帯一路プロジェクトは、中央アジアから旧ソ連欧州部に至るロシアの勢力圏と多くの部分で重なっており、この意味ではロシアはＮＡＴＯやＥＵの拡大と同様に中国の一帯一路にも強い反発を示してもおかしくない。だが、ロシアの反応は総じてはるかに抑制的なものだった。西側諸国と異なり、中国の一帯一路は雑多な経済進出プロジェクトの集合体であり、相手国の政治体制に対して変革を求めないためだ。そもそも中国自身が権威主義体制の国家である以上、ロシアとしては「カラー革命」を起こされる心配をせずに付き合えるパートナーということになる。

　さらに２０１５年、プーチン大統領は訪ロした習近平国家主席を前に、ロシアのユーラシア連合プロジェクトと一帯一路を「連携」させると発表した。「連携」なるものがどこまで実態を伴うのかは別として、政治的にはロシアが中国の一帯一路に異を唱えないことを示した画期と言える。

軍事面について言えば、旧ソ連の勢力圏を第一正面とするロシアにとって、アジア正面に重心を置く中国が同盟相手たり得ないことはたしかであろう。守るべき国益の所在はあまりにも隔たっており、下手に脚を突っ込めば何ら自国の国益に資さない問題で紛争に巻き込まれたり、米国との対立を抱え込む羽目になりかねない。ウクライナ問題、台湾海峡問題、南シナ海問題といった類の安全保障問題について、中露が互いに深入りを避けているのはこうしたすれ違いの結果と言える。

他方、中国との軍事的対立はロシアにとって破滅的な事態を意味している。『防衛白書』によれば、ロシアが極東に配備している地上兵力は8万人ほど（12個師団・旅団基幹）でしかなく[152]、中国東北部に展開する膨大な人民解放軍に対抗することは難しい[153]。中国の軍事技術が近年、急速な進展を見せており、中露の軍事技術上のギャップを埋めつつあることもロシアにとっては大きな問題である。しかも、欧州正面における軍事的緊張が緩和されなければロシアは東西の二正面に敵を抱えることになる。中露国境はロシアとカザフスタンの国境（約7000キロメートル）に次ぐ4000キロメートルもの長さがあり、かつてのソ連軍は平時でも約50個師団をここに展開させていた。現在のロシアの経済力では、長大な国境にこれだけの防衛体制を敷くことはまず不可能だ。

したがって、ロシアの対中安全保障政策は「同盟にはなれないが敵にもならない」という関係の構築を目指して進められてきた。たとえば軍事演習については、２００５年に実施された「平和使命２００５」以降規模や内容が次第に拡大し、２０１８年９月にはロシア軍東部軍管区大演習「ヴォストーク２０１８」に人民解放軍が参加するに至っている。同演習は伝統的に対日米戦争と対中戦争を想定したものと見られていたから、ここに人民解放軍が参加したことは（純軍事的視点とは別に）政治的に大きな意味を持っていた。詳しくは立ち入らないが、一時期問題になったロシア製兵器の違法コピー問題は現在では沈静化しており、むしろロシアをパートナー、下請け、コンサルタントとする武器開発形態に移行していることが指摘される。[154]

以上のような中露の関係を考えるならば、中国を共通の敵として日露が結束するというシナリオはやはり困難なものと考えざるを得ないだろう。せっかく良好な中露関係を毀損してまでロシアが日米側につくメリットなどない、という科学アカデミー極東研究所の日本専門家、クジミンコフの見解は、こうしたロシアの立場を端的に物語るものと言える。[155]

さらにロシアのラヴロフ外務大臣は、本節の冒頭で言及した自民党の河井克行総裁外交特別補佐の発言に対して、次のような強い反発を示している。[156]

「自民党補佐官の河井氏が、日露が平和条約を結べば対中抑止の『ブロックを強化する』ことになるから米国も関心を持つに違いないと述べたことについては、腹立たしく思っています。（中略）日本の同僚は、問題の人物が日本の政府を代表している訳ではないんだと言います。自民党の補佐官なんだから、と。まあそうなんでしょう。しかし、自民党の総裁は安倍首相じゃないですか。我々はこのような発言が受け入れがたいものであることについて、真剣な警告を発しました。日本が米国にこれだけ依存している中で、任意の問題を解決するにあたってどれだけ自律的でいられるのか興味深いところです。日本は自らの国益に従って行動すると言っています。そうならいいのですが」

ロシアが対中国で日本と協力できないのは、日本ほど中国の脅威を感じて「いない」からではない。巨大な隣人と直接に国境を接しているロシアの対中脅威認識は日本などの比ではなく、それゆえに中国との関係悪化をなんとしても避けることこそがロシアにとっての安全保障とみなされている、という構図が描けよう。

蜜月はいつまで続くか

ただ、ロシアが中国に対してはそれなりの不満や警戒感を募らせていることもまた無視されるべきではない。ロシアにとって最も憂慮されるのは、旧ソ連諸国に対する中国の進出が経済の領域から政治・安全保障にまで及んでくることであろう。

たとえばロシアは従来から、旧ソ連諸国に対する武器供給を重要なレバレッジとしてきた。ロシアが勢力圏とみなす国々は、経済力が乏しかったり、権威主義的体制をとっているために西側諸国の先端兵器を購入できなかったりする場合が多かったためである。したがって、安価でそれなりの性能の武器を提供できるロシアの武器開発・生産能力は、旧ソ連の勢力圏を維持する上で無視できないツールであったが、ここに第三極として中国が進出してきた。中国はロシアと同様、西側諸国が武器を売らないような国に対しても武器を供給するため、ロシアは唯一の武器供給国として振る舞うことが次第に困難になりつつある。

ベラルーシの例を挙げよう。1999年にロシアと連合国家創設条約を結び、その後、ロシア主導の軍事同盟である集団安全保障条約機構（CSTO）にも加盟したベラルーシだが、自国内にはロシア軍の戦闘部隊は駐留させてこなかった（例外はソ連時代から配備されていた早期警戒レーダーと海軍が潜水艦との通信に用いる超長波通信タワー）。NATO加盟国であるポーランド、リトアニア、ラトヴィアと国境を接するベラルーシとしては、ロシア軍を駐留させるようなことになれば、万一の全面戦争では自国が戦場にされかねないためである。このため、ベラルーシは自国を「中立国家」と規定する憲法第18条を現在も維持している。CSTOの枠組みにおいても、ベラルーシは基本的にロシアとの二国間でしか大規模演習を行っておらず、中央アジアや南カフカス諸国との集団防衛には（条約上の義務はあるにもかかわらず）消極的である。

ところが２０１４年、ベラルーシを訪問したロシアのショイグ国防相は、ポーランドおよびリトアニア国境に近い北西部のバラノヴィチ空軍基地にロシア空軍のＳｕ－27戦闘機を展開させることを発表し、将来的には自前の基地を設置して１～２個戦闘機連隊を常駐させるとの構想を明らかにした。思ったよりも国民の反発が強いことを懸念したベラルーシのルカシェンコ大統領は急遽ロシア軍基地設置に反対の立場へと転じるが、今度はロシア側が圧力をかけ始めた。戦闘機基地の設置を認めなければ新型兵器は売らない、さらにベラルーシで生産されている軍需製品（たとえばミンスク装輪トラクター工場ＭＺＫＴが生産する大型トラックはロシア軍の移動式ＩＣＢＭにも採用されていることで知られる）をもう買わないと言い出したのである。

このタイミングで中国が登場した。中国はベラルーシに残っていたソ連時代の軍事技術遺産を買い込むとともに、ＭＺＫＴのシャーシに中国製のロケット砲を搭載した「ポロネズ」多連装ロケット発射システム（ＭＬＲＳ）を共同開発したのである。ポロネズはベラルーシ軍だけでなくすでにアゼルバイジャンにも輸出されているが、この共同開発を中国が純粋なマーケティングに基づいて行ったのか、あるいはＭＺＫＴの製品を締め出すというロシアの脅しを無効にするための政治的なものであったのかは評価が分かれるところであろう。

さらに中国は近年、軍用ジープなどをベラルーシに無償供与しており、独立記念日の軍事パレードで隊列の先頭を切るようになった。これが戦車や戦闘機といった大型兵器の援助ないし輸出にまで発展した場合、ベラルーシが中露の間で蝙蝠《こうもり》外交を繰り広げる余地は顕著に拡大するだろう。投資やエネルギーといった領域まで含めるならば、中国による旧ソ連諸国への進出は、ある時点からロシアの勢力圏切り崩しを意味することにもなりかねない。

果たして中国はどこまで踏み込むつもりなのだろうか。そして、ロシアにとってのレッド・ラインはどこに引かれており、それを中国が越えた場合、ロシアはどのように反応するのだろうか。このように考えるとき、「蜜月」と呼ばれる現在の中露関係は将来にわたっても安定的かどうかは必ずしも明らかではないだろう（それが比較的近い将来なのか否かはまた別として）。

ちなみに本章の冒頭に掲げたのは、ロシアの現代作家ウラジーミル・ソローキンによる2006年の小説、『親衛隊士の日』の一節である。この小説の舞台である2028年のロシアでは帝政が復活しており、西側諸国からは「大壁」によって孤立している。主な友好国は同じく皇帝を復活させた中国だが、今や経済力でも科学技術力でもロシアは大きく後れをとっており、宮廷内では中国語が話されている——という世界だ。

荒唐無稽なビジョンと言ってしまえばそれまでだが、中国の台頭に対してロシアが抱く複雑な気分もそこから読み取ることができよう。

第7章

新たな地政的正面
北極

すでに寒さはきびしいものになっていた。船室に、下甲板に、氷が張り詰めた。給水装置は凍りついた。金属は収縮した。ハッチ・カバーはうごかず、ドアの蝶番は凍ってびくともしない。探照灯管制装置は、オイルが凝固して用をなさなかった。見張り、わけても艦橋の見張りは拷問であった。烈風の最初の衝撃は肺腑を灼き、たちまち呼吸は困難をきたす。かりにも手袋——いちばん下に絹の手袋、つぎに毛の防寒手袋、さらにその上に防護ミット——をはめることを忘れ、手すりにさわろうものなら、手のひらはすりむけ、皮膚は白熱した金属に触れたように焼けただれる。艦橋にあっては、艦首が波に突っ込んだとき、万一よけることを忘れたら、水しぶきは一瞬にして氷の細片となって飛来し、頰と額を骨まで突き刺す。両手は凍り、骨の髄まで麻痺し、すさまじい冷気が足の下からふくらはぎ、腿にはいのぼり、鼻とあごの先端は凍傷で真っ白に変色し、ただちに手当をほどこさなくてはならない。

——アリステア・マクリーン『女王陛下のユリシーズ号』より

1. 北極の地政学

北極の戦略的意義――近代～20世紀

ロシアはユーラシア大陸の北辺を広く領有しており、このうち310万平方キロメートルが北極圏に分類される。広大なロシアの、約5分の1が北極であるということになる。

従来、北極圏の人口はその自然環境の厳しさからごく少数に留まっており、経済的な利用にも限度があった。他方、地政学という観点から見ると、北極は他の正面に劣らぬ重要性を有しており、自然環境と政治的環境の変動によってその重要性をさらに増しつつある。そこで第7章では、北極をめぐるロシアの地政学について考えてみたい。

ノルウェー防衛研究所のタムネスとホルツマークは、北極の戦略的意義を、北極自身の有する地理的価値（特に資源の豊富さと空間の有用性）および北極自身には属さない四つの外部要因に分けて分析した。四つの外部要因とは、「発見および探検に関する人間の衝動」、「科学の進歩」、「対立および紛争」、「気候変動」である。北極自身が有する絶対的な価値（資源や空間）と、これをより相対的な価値（政治・経済・軍事的な効用）へと変換するための外部環境の相互作用が北極の戦略的意義を規定するということになろう。[157]

このような枠組みを用いて北極利用の歴史を概観してみよう。19世紀以前の北極では、その厳しい自然環境のために北極圏で人類が活動できる領域は極めて限られていた。また、内燃機関の発明以前には膨大なエネルギー資源も無価値であり、その探鉱および採掘技術も極めて限られたものであった。北極で軍事活動や戦闘が行われた例は存在しなかったわけではないが、それらが国際関係や戦争の趨勢を決める戦略的なエポックであったことはない。前述のタムネスおよびホルツマークの表現を借りるなら、19世紀以前に北極をめぐって起きた軍事的な事象はいずれも「マイナーなエピソード」に過ぎなかったと言える。利用や開発よりも「発見および探検に関する人間の衝動」に基づいた探検旅行が繰り返され、基礎的な知見の蓄積が行われた段階であると位置付けられよう。[158]

しかし、20世紀に入ると、北極の持つ安全保障上の重要性は大きく増加した。第一次世界大戦および第二次世界大戦において、北極はロシア帝国およびソ連に対して英国や米国から援助物資を送り込むための戦略的輸送ルートとなり、これを妨害しようとするドイツとの戦闘も発生するようになったのである。

北極が兵站上の重要性を持つようになった理由は、地球儀（Google Earthでもよい）を手に取ってみるとすぐに理解できる。北極圏におけるロシアの主要都市であるムルマンスクから北

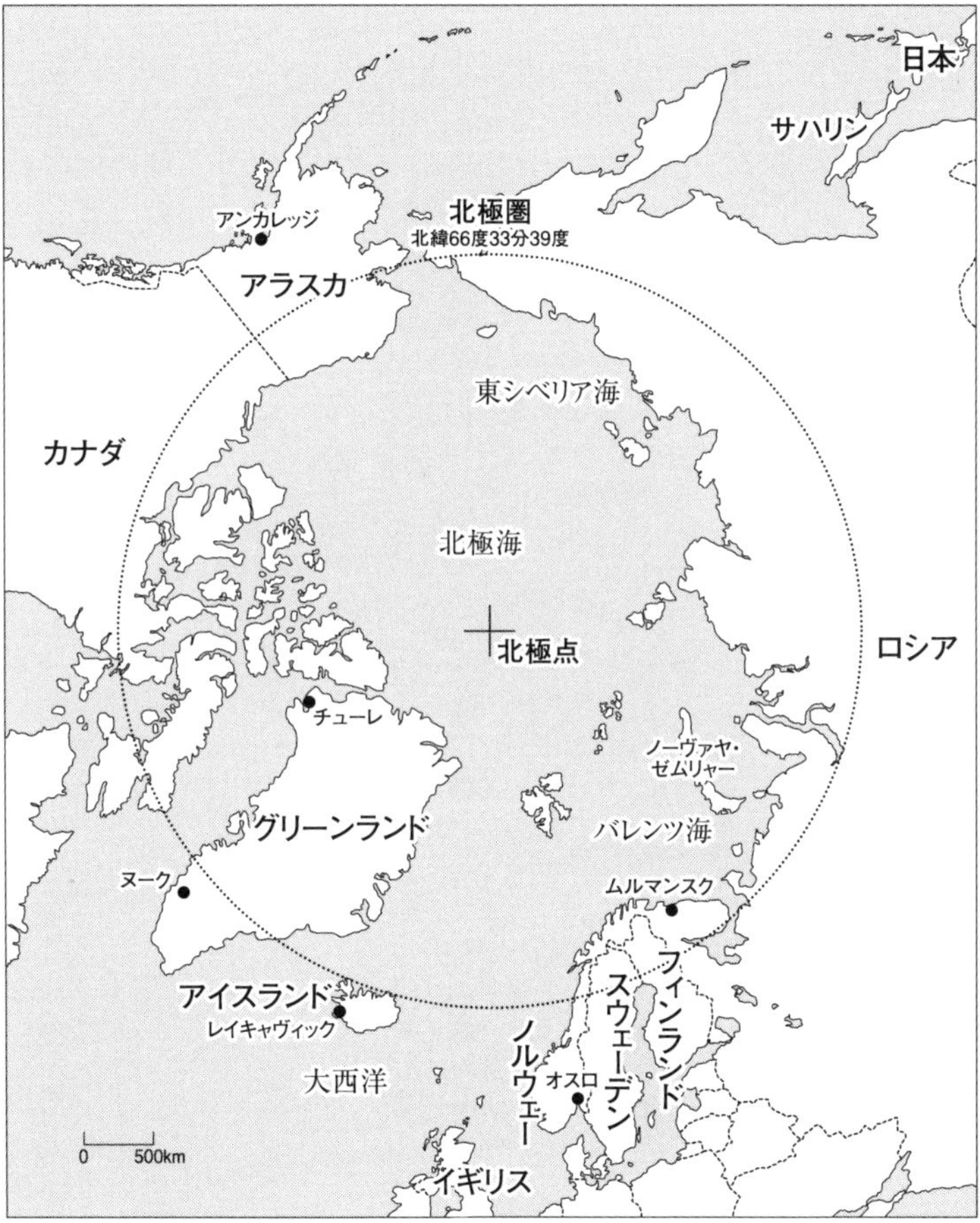
日本
サハリン
北極圏
北緯66度33分39度
アンカレッジ
アラスカ
東シベリア海
カナダ
北極海
北極点
ロシア
チューレ
ノーヴァヤ・
ゼムリャー
グリーンランド
バレンツ海
ヌーク
ムルマンスク
フィンランド
スウェーデン
アイスランド
レイキャヴィック
ノルウェー
オスロ
大西洋
0　500km
イギリス

図11　北極圏の地図

米東岸、あるいはブリテン島へと至るにはグリーンランド・アイスランド・ブリテン島を結ぶGIUKギャップを通るほかなく、なおかつそれが最短ルートなのである。しかも、英米からの援ソ船団が目指したムルマンスクなどロシア北西部の北極圏は、戦争の主要正面である欧州から比較的近く、バルト海や黒海のように完全な閉塞も困難であるために、その戦略的重要性は極めて高かった。科学技術の進展が北極の利用可能領域を増加させ、そのことが欧州における戦争遂行上の要請に応えることを可能としたのである。

とはいえ、第二次世界大戦当時の科学技術力で北極海を航行するのは並大抵のことではなかった。本章の冒頭に掲げたのは、架空の英海軍巡洋艦ユリシーズを舞台とするマクリーンの小説『女王陛下のユリシーズ号』であるが、北極圏の自然環境の凄まじさが一端なりとも伝わってこよう。作中、ユリシーズは零下60度という常軌を逸した低温の中で、空母の飛行甲板を引き剝がすほどの暴風雨に揉まれ、ドイツの潜水艦と空襲によって満身創痍《まんしんそうい》となった末、船団を救うためにドイツの巡洋艦と刺し違えて沈む。物語は終始、極低温の暴力によって支配されており、物語の登場人物はそこにほんのかすかな人間性を発揮することしか許されない（あるいは、そのかすかな人間性の模様こそが本作の主題なのかもしれないが）。

第二次世界大戦後、米ソ冷戦が開始されると、戦略輸送ルートとしての北極の価値は消滅した。ドイツという共通の敵によって結束した米ソの共闘は終わりを告げ、二つの核大国が対峙する時代が始まったのである。

ここで北極は新たな戦略的価値を与えられることになった。援ソ船団にとって北極が最短ルートであったのと同様、核爆弾を積んだ爆撃機や弾道ミサイルにとっても北極上空は最短飛翔ルートとなったのである。これはソ連から米国や西欧を狙うミサイルにとっても同様であった[159]。ＧＩＵＫギャップも、ソ連原潜の大西洋進出をキャッチし、有事には食い止めるチョーク・ポイント（隘路《あいろ》）という新たな役割を与えられ、海底に敷設された水中聴音システムやアイスランドから発進する対潜哨戒機によって厳重な対潜警戒網が敷かれた。

一方、デンマーク領グリーンランドのチューレには、米軍の早期警戒レーダーが置かれた。ソ連の弾道ミサイルが北極を経由して飛んでくる以上、北極海に大きく突き出したグリーンランドはそれらを真っ先に探知する上で格好の位置にあったためである。同時に、チューレはソ連本土を狙う爆撃機の発進基地としても最適の位置にあったため、米軍は１９５０年代からここに核爆弾を配備し、上空には常に１機の爆撃機を滞空させるという態勢をとるようになった。ソ連が全面核戦争を始めるとすれば真っ先にチューレを攻撃する筈であり、したがってチューレで核融合の火の玉が発生した場合には真っ先に通報できる誰かを空中に待機させておく必要があったのだ[160]。

１９７０年代以降には、ソ連のＳＬＢＭが長射程化したことにより、弾道ミサイル原潜（Ｓ

SBN）を米国の沿岸付近まで進出させる必要がなくなった。危険を冒してGIUKギャップを突破しなくても、ソ連本土にほど近い北極海でパトロールを行えるようになったのである。

ソ連はオホーツク海と同様、北極海の周辺にも防衛網を築いて核の「要塞（バスチョン）」としたが、米国はこれに対抗して北極海に攻撃型原潜（SSN）を遊弋《ゆうよく》させるようになり、北極は米ソの原潜が平時から睨み合う文字どおりの最前線となった。

これに加えてソ連が北極のノーヴァヤ・ゼムリャー島に核実験場を建設したことにより、北極は核開発の一大拠点ともなった。ソ連が1961年に投下実験を行った史上最大威力の核爆弾、いわゆる「爆弾の皇帝」（出力50メガトン）が投下されたのもノーヴァヤ・ゼムリャー島である。また、北極圏には弾道ミサイルの発射試験や軍事衛星の打ち上げに用いられるプレセツク宇宙基地も建設されている。

このように、冷戦という「対立および紛争」要因と、航空機・ミサイル・核兵器等の出現という「科学の進歩」要因により、北極は冷戦の最前線に躍り出たと言えよう。別の言い方をすれば、北極の有する「資源」と「空間」という絶対的価値のうち後者に、核抑止力の基盤という新たな意義が加わったことになる。

21世紀における北極像

冷戦後の北極には新たな側面が加わった。「気候変動」要因、すなわち地球温暖化の影響により、北極を覆っていた冠氷が減少傾向を見せ始めたためである。北極の冠氷面積は年間を通じて変動するが、一般的に最も面積が大きくなるのは3月であり、9月に最小となる。１９８０年代には、3月の冠氷面積が平均１５００万平方キロメートル台、9月が700万平方キロメートル台であったが、２０１７年のデータではこれがそれぞれ１３００万平方キロメートル台と４００万平方キロメートル台まで減少している。[161]これまでの観測史上で冠氷面積が最も小さかったのは２０１２年９月（３１８万平方キロメートル）であり、過去5年間は史上最小面積を更新しない状況が続いているものの、[162]冷戦期に比べてはるかに低い水準で推移していることには変わりはない。

この気候変動は、北極の有する戦略的意義を大きく変化させうるものと言える。その第一に挙げられるのが、資源地帯としての利用可能性である。北極が大きな資源ポテンシャルを有していることは以前からわかっていたが、ソ連の崩壊および冷戦の終結という政治的変化（「対立および紛争」の緩和）と、探鉱・採掘技術の進展という「科学の進歩」が、北極における資源利用の可能性をさらに拡大した。米国地質学研究所（ＵＳＧＳ）の２００８年の報告書[163]によれば、北極には未発見の石油約９００億バレル、天然ガス１７６０兆立方フィート、液状天然ガス４４０億バレルが存在しており、これは世界の未発見石油の13％、未発見天然ガスの30％（液化天然ガスに限定すると78％）にも相当すると言われる。
第二に、資源利用の可能性拡大と同じ理由によって、航路としての北極海の利用可能性が拡大した。欧州から極東（たとえば日本）へと至る海上交通線としては、現状ではスエズ運河を通ってインド洋を経由する航路（約1万5000海里）が利用されているものの、ロシア沿岸廻りの北極海航路（NSR）を利用すれば半分以下の約7000海里まで短縮することができる。アジアと北米東岸を結ぶ場合でも、太平洋を横断する現状の航路（約1万海里）に対してカナダ沿岸廻りの北西航路なら7000海里と、やはり3割ほど距離を短縮できる計算である。これらの海域は従来、海面が厚い氷に覆われているために一般航路として使用することはほぼ不可能であり、一部の砕氷船か、砕氷船のエスコートがついた船団のみ航行が可能であった。しかし、冠氷の減少によって夏の間であればNSRには氷が存在しない時期が出現することになった。また、年間を通じて存在する多年氷は長年にわたって圧縮された結果、極めて密度が高く、砕氷が困難であるのに対して、新たな氷結によって生まれた初年氷は密度が低いため、夏に氷が消える海域は冬季であっても従来よりも航行が容易となる。[164]
ソ連は1991年にNSRを国際航路として開放したものの、実際の利用が始まったのは2009年以降であった。温暖化による影響が21世紀に入ってから顕著になってきたことに加え、国際的なエネルギー資源価格の高騰によって、NSRによる航行距離の短縮が燃料費の節約につながるという可能性が注目されたためである。[165]

ロシア政府も2012年に商業航行に関する法律を改正して北極海の商業航行に向けた法整備を行ったほか、航行の安全を確保するための捜索救難体制の整備を開始した。[166]北極海航路の利用も2010年代半ばまでは順調に増加し、2013年にはNSR通過船舶が71隻、通過貨物量が135万トンで過去最大となった。[167]

2. ロシアにとっての北極

以上を踏まえた上で、今度は、ロシア側が北極をどのように位置付けているのかについて考えてみたい。

「戦略的資源基盤」

現在、ロシアの北極政策を最も包括的に規定しているのは、2008年に策定された「2020年およびそれ以降の期間における北極についての国家政策の基礎」[168]（以下、「北極政策の基礎」）である。北極政策の基礎には、前節で見た冷戦後の北極をめぐる環境変化が色濃く反映されている。

その第一は、北極を「ロシア連邦の戦略的資源基盤」と位置付けている点だ。北極が巨大な天然資源埋蔵量を有する可能性についてはすでに紹介したとおりであるが、ロシアが今後とも資源大国としての地位を保つためには、北極の資源開発は死活的な意義を有する。これまでロシア経済を支えてきた主力資源地帯はすでに生産ピークを超えているとされ[169]、新たなエネルギー資源産出地を開発しなければならないためである。[170]

第二に、NSRが「北極圏におけるロシア連邦の国家的統一輸送路」と位置付けられ、その整備と利用を国家的な規模で行うとしている。NSRについてはすでに簡単に触れたが、ロシアから見た場合、同航路の持つ意義は単なる輸送ルートに留まるものではない。それがインド洋航路や大西洋航路のような世界的な通商ルートになれば、「ロシアを世界の経済システムにおける辺境から中心へと引き上げる」可能性が生じてくるためである。[171]

以上の認識に基づき、北極政策の基礎では、北極圏における戦略的資源基盤の利用拡大、北極圏の防衛および国境警備体制の充実、生態系保護、情報通信網の整備、科学研究の進展および国際協力の推進が今後の国家的な優先目標として掲げられている。

2013年には、北極政策の基礎を具体化する形で「2020年までの期間におけるロシア連邦の北極圏の発展および安全保障に関する戦略」[172]（以下、「北極戦略」）が承認された。北極戦略では、北極海大陸棚に埋蔵されている資源の確保、北極海航路の通年利用、同航路を河川、鉄道、航空網とも接続して多角的な資源の輸出ルートとして使用することなどが掲げられており、北極政策の基礎の路線を概ね受け継いだものと言える。また、北極海航路の通年利用に向け、原子力砕氷船を含む砕氷船団の整備も謳われた。[173]

脅威の集中する地域

以上のように、ロシアは北極の経済的有用性に国家的な意義を見出している。ところが、このことは同時に、北極に関するロシア政府の脅威認識を高める結果にもつながった。

たとえば２００９年に公表された包括的安全保障政策文書「２０２０年までのロシア連邦国家安全保障戦略[174]」では、「長期的な将来における国際政治の焦点は、中東、バレンツ海およびその他の北極地域における大陸棚、カスピ海および中央アジアの天然資源の掌握に集中する」とし、北極の資源をめぐる国家間の争奪が起きうるとの見通しを示した。また、このような見通しに基づき、北極を含むロシア周辺での国境警備の強化や経済・国境・軍事インフラの整備が重点課題として掲げられた。

その後継文書として２０１５年に公表された現行バージョンの「ロシア連邦国家安全保障戦略[175]」でも、「世界の発展の不均衡、諸国間における富の水準の格差拡大、資源をめぐる争い、資源市場へのアクセス、主要輸送ルートのコントロールに関する対立が先鋭化している。国家間の競合はいずれも、社会的発展の価値およびモデルに関する部分が多くを占める。この過程においては、世界の海洋および北極における資源開発の主導権が大きな重要性を有している」との認識が示された。

前述した北極戦略でも、安全保障面に関する記述が北極政策の基礎と比較して大幅に増加している。特に北極における軍事的圧力や侵略を阻止することによって排他的経済水域や大陸棚における活動を可能とする等、北極における経済的活動を保護するための軍事力の必要性が指摘されているほか、北極を防衛するための部隊配備や関連するインフラの整備も盛り込まれた。

政策文書に限らずとも、このような認識はロシア政府高官の発言にも度々登場する。たとえば２０１３年、ロゴージン副首相（当時。帝国志向の政治家として第1章で触れた）は、北極の大陸棚における資源開発は必然的に各国間の紛争を招き、石油・ガス採掘施設への外国による破壊工作がありうると発言したことがある。[176]また、２０１５年には、国家対テロ委員会書記を兼ねるボルトニコフ連邦保安庁（ＦＳＢ）長官が、北極における資源開発と航行の増加に対応してテロ対策を強化する必要性を指摘した。[177]

しかしながら、資源や航路という絶対的価値が紛争に直結するものでないことはすでに指摘したとおりである。北極大陸棚の延伸をめぐるロシア、カナダ、欧州諸国の対立に見られるように、北極の資源確保に関して対立が存在することは事実であるが、資源開発は必ずしもゼロサム的なものではない。ロシアにしてみれば北極の資源開発には欧米の資金や探鉱・採掘技術は必須の要素であり、バレンツ海の海洋境界画定（２０１０年）に見られるように双方の利益になる形で外交的な解決は可能である。少なくとも、資源をめぐる対立は現在のロシアが行っている急速な軍事化を正当化しうるものではないと言えよう。

あるいはロシア科学アカデミー世界経済国際関係研究所（ＩＭＥＭＯ）のコルズンが海洋資源をめぐる紛争に関して述べたように、紛争とは「紛争的状況＋原因」の総和として発生するものである。[178] それゆえに、「紛争的状況」を実際に「紛争」そのものに転化しうる状況（外部要因）に目を向ける必要があろう。つまり、本書でも度々触れてきた、米露関係の悪化（それも時に陰謀論的な脅威認識を伴うもの）である。

核抑止力の基盤

ただ、ロシアの反米意識は２０００年代末から２０１０年代にかけて特に高まったものであり、それ以前の（あるいは今後の長期的な）北極に関するロシアの脅威認識をすべて説明しうるものではない。要するに、対米関係がよい時期も悪い時期も、ロシアは北極が危機に晒されているとみなし続けてきたのである。そこで、より純粋に軍事的な側面から見た北極の位置付けも確認しておこう。

ロシアの軍事戦略は、相手の意図よりも能力を基準とする傾向が強い。したがって、絶対的価値をめぐる外部要因の将来が不確定である以上、最悪の事態に備える必要がある、との思考が支配的であることは度々指摘されてきた。[179] 北極海に面するロシア以外の4ヵ国がいずれもNATO加盟国であることを考えても、ロシアの脅威認識は容易に払拭されないだろう。[180] ロシアの目から見れば、北極で軍事化を進め、脅威を生み出しているのはNATO側であるということになる。[181] ことに米国防総省が『2014年から2030年の米海軍北極ロードマップ』[182]において北極海における即応体制の向上や哨戒活動の強化を打ち出したことに対し、ロシアは強い警戒感を示している。[183] プーチン大統領も、北極に重要な資源や核抑止力が存在する以上、北極における米海軍の能力を警戒せざるを得ないと発言したことがある。[184]

また、気候変動による冠氷の減少もこうした認識に拍車をかけている。北極海がソ連・ロシアの弾道ミサイル原潜（SSBN）にとって「聖域」たり得ていたのは、周辺に防御兵力が配備されていたためばかりではなく、海面が分厚い氷で覆われていたことによるところも大きい。これによって敵の対潜艦艇や対潜航空機は北極海で作戦を行うことができず、[185] SSBNに対する脅威は長駆進出してくる敵の攻撃型原潜（SSN）に限定することができたためである。しかし、地球温暖化による冠氷の減少は、このような前提条件を突き崩してしまった。特に夏季には、通常型の対潜艦艇や対潜航空機が北極圏で作戦を行うことが十分に可能となったことでロシアのＳＳＢＮがパトロール可能な海域が、バレンツ海の「要塞」から、より支援を得がたい北極点付近へとシフトせざるを得ないことが予想される。

また、気候変動による脅威は、ＳＳＢＮに対するそれのみに限られない。水上艦艇が航行できるようになることで、北極海からロシア内陸部に向けて巡航ミサイルによる同時精密打撃を受ける可能性や、またこれに対してロシアが行う報復攻撃がイージス艦のＭＤシステムによって迎撃されたりする可能性が浮上してきたためである。[186] ここで特に重要なのは、後者のＭＤシステム展開の可能性であろう。巡航ミサイルによる先制攻撃（戦略核戦力に対する武装解除攻撃）の可能性については冷戦期から議論されてきた問題であるが、巡航ミサイル発射プラットフォームの展開には時間が掛かるために完全な奇襲は不可能であり、しかも飛翔速度が遅いためにロシアの核戦力を同時に打撃できない以上は報復攻撃の余地が残される（したがって巡航ミサイルによる先制攻撃は抑止しうる）との議論が存在した。[187] しかし、武装解除攻撃とＭＤシステムが同時に展開されるというのは新たな可能性である。しかも北極が弾道ミサイルの飛翔コースであることを考えれば、ロシアの核抑止に対する脅威度は東欧ＭＤとは比べものにならないほど高い。

さらに、ロシア有数の核戦略家として知られるドヴォルキン（元戦略ロケット軍司令官）らの試算が示すように、ブイパルゾヴォ、タチシェヴォ、ドンバロフスキーといったロシア西部の主要ＩＣＢＭ基地から米国東岸へとＩＣＢＭが発射された場合、ミサイルの速度や飛翔角度によってはＧＩＵＫギャップ付近に展開したイージス艦がこれらを迎撃できる可能性が存在する。もっとも、ドヴォルキンらが認めているように、ロシアの戦略核戦力は膨大な上に先制攻撃に対する冗長性も高く、たとえば米国の武装解除攻撃によってＩＣＢＭの80％とＳＳＢＮの50％を壊滅させられ、報復攻撃が１００発の迎撃ミサイルによる迎撃を受けたとしても、４５０発程度の戦略核弾頭を米本土に到達させることができる。したがって、北極海へのイージス艦展開がロシアの対米核抑止力を大きく損なうとはみなせないという結論である。[188]

それでも、ＳＳＢＮに対する脅威度が上昇し、ＭＤシステム展開の可能性が生まれてきた以上は、何らかの対抗措置が必要となる。ロシアが北極圏において地対艦ミサイルや防空アセットの配備を進めているのは、米対潜部隊およびＭＤ部隊の活動を阻止・妨害するためのＡ２／ＡＤ能力の構築を狙ったものと考えることができよう。

ロシアはバルト海、黒海、東地中海などでもＡ２／ＡＤ能力の構築を進めているが、これらは北極におけるＡ２／ＡＤ網とは若干性格を異にする。こうした地域はいずれもロシアが実際に軍事介入を行うか、あるいはその可能性があるとされている地域であり、Ａ２／ＡＤはロシアの介入部隊を（主として西側による逆介入から）防衛するために存在する。一方、オホーツク海のＡ２／ＡＤ網の防衛対象は戦略核抑止力であり、この意味ではオホーツク海でのＡ２／Ａ

Ｄ網構築との共通性が高い。このような意味において、ロシアの戦略思想においては、北極海とオホーツク海は米国の核抑止力と対峙する一体のエリアであるとみなされている。[189]

さらにロシアは「要塞」を遊弋するＳＳＢＮの近代化も進めている。前述した９５５型ＳＳＢＮはすでに３隻が竣工し、１隻が北方艦隊に、２隻が太平洋艦隊に配備された。残る５隻もすべて起工済みであり、最終的には北方艦隊と太平洋艦隊に各４隻の９５５型が配備されると見られる。これに加えてソ連時代に建造された６隻の６６７ＢＤＲＭ型ＳＳＢＮ（いずれも北方艦隊）はその全艦が新型のシネーワＳＬＢＭを搭載するための近代化改修を完了しており、２０３０年代まで現役に留まると思われる。

「大国」のステータス

ロシアの北極政策については、政治的な影響力の拡大、特に「大国」としての地位を確保しようとする意図も度々指摘されてきた。ロシアは国際的な重要性を高める北極問題をテコに、新たな国際秩序における「大国」としての地位を獲得するとともに、北極圏諸国に対する主導権を確保しようとしている。だが、北極圏諸国がロシアではなく他の西側諸国や中国との協力を模索するようになれば、北極問題において主導権を握りたいと考えるロシアの思惑にとっては逆風となろう。[190]

ことに本書の主要テーマの一つである安全保障に即して言えば、ウクライナ危機後、スウェーデンとフィンランドではNATOへの接近傾向がかつてなく高まっている。現時点では可能性の領域に留まっているとはいえ、両国がNATO加盟を果たすとなれば、ロシアと米国の間で保たれていた北欧における勢力均衡（ノルディック・バランス）は大きく揺らぎ、ロシアはさらに被包囲意識を強めることになろう。北極におけるロシアの軍事活動増加はこうした事態に対する牽制であるとの見方も散見されるが、[191] カルガリー大学軍事戦略研究センターのヒューバートが述べるように、むしろ逆効果に終わる可能性が高いと思われる。[192]

3．「要塞」か、開かれたアリーナか

これまで見てきたように、ロシアは北極に大きな経済的意義を認める一方で、その裏返しとして軍事的な脅威認識を強めるというアンビバレントな様相を呈している。それゆえに、国家として見た場合のロシアの北極政策には、協調的な側面と対立的な側面の双方が混在しており、周辺諸国にとっての不確定要素とみなされてきた。

ただ、どこの国でもそうであるように、ロシアにも一個の人格のように統一された国家的意

思というものが存在するわけではない。総じて言えば、経済・環境セクターは北極を協調の可能性の場としてみなし、政治・安全保障セクターは北極の絶対的価値が脅威へと転化する可能性を強調する傾向がある。したがって、北極におけるロシアの行動は今後とも協調と対立の入り混じったものであり続けるだろうが、両者のうちどちらがより優勢となるかはその時々の外部要因によって大きく変化しよう。以下、そのうちのいくつかについて考察しておきたい。

第一に、米国におけるシェール革命や新興国におけるエネルギー需要の頭打ちによってエネルギー資源の国際価格は２０１０年代半ばに急落し、原油の場合、１バレル50ドル台という低水準で推移している。今後もエネルギー価格の下げ止まり傾向が継続した場合、高コストで採掘にも技術的な困難を伴う北極のエネルギー資源は相対的価値を低下させると考えられる。

しかも、ウクライナ危機以降に米欧が発動した対露制裁は、北極圏でのエネルギー資源開発に対する技術および資金の提供を厳しく制限している。２０１７年に米国で制定された「制裁を通じてアメリカの敵に対抗する法律（ＣＡＡＴＳＡ）」はロシアのエネルギー部門に対する制裁をさらに強化する内容を含んでおり、この意味でも北極におけるエネルギー資源開発はさらに困難になる可能性がある。

第二に、商業航路としてのＮＳＲの将来性が挙げられる。使用できる期間が限定されること、それもその時々の気象条件によって大きく変動すること、高額の通航料の支払いが必要であること、場合によっては高コストの砕氷船によるエスコートが必要になることなど、NSRの商業利用に関しては様々な障害が存在する。欧州＝アジア間の最短航路というメリットがこれらのデメリットを凌駕しうるか否かは、ロシア政府による今後のNSR運営と環境整備に大きく依存しよう[193]。

しかし、第三に、核抑止基盤としての北極の価値が、予見しうる将来において大きく変化する兆候はない。ロシアの国防政策において核抑止が依然、死活的な要素とみなされていることはこれまでに触れたとおりであり、2018年から開始された装備近代化計画「2027年までの国家装備プログラム（GPV-2027）」においても戦略核戦力の整備は最優先事項とされている。したがって、ロシアの報復核攻撃能力を担保する北極海およびオホーツク海の重要性は今後とも変化せず、これらを防衛するためのA2／AD網の配備も継続されていくであろう。

このように、今後の北極において協調と対立のいずれの側面が前景化されるかは、ロシアと西側との「対立および紛争」が決定的な影響を有すると思われる。

おわりに――巨人の見る夢

ロシアは巨大である。そのことは、ヨーロッパに向かう飛行機の中で容易に実感できよう。飛行機が日本から離陸して水平飛行に移るとすぐにロシア領空に入るが、それから機内食を食べ、映画を1本観て、仮眠から目を覚ましても、まだそこはロシアである。時速1000キロメートルで数時間にわたって飛んできたことを考えれば、その国土の途方もない広がりに想いを致さずにはいられない。

しかし、その巨大さゆえに、ロシアは自らのアイデンティティに苦しみ続けているようにみえる。

ロシアが欧州の文化を基調とする国であることは疑いないだろう。ロシア極東部の都市を訪れると、東京から沖縄に行くのと変わらない時間を経たに過ぎないにもかかわらず、そこは突然ヨーロッパになる。たしかに欧州部に比べればアジアの影響は強く感じられるし、ソ連崩壊後の荒廃をまだ引きずる部分も数多く目にはつくが、道ゆく人々の多くは白人であり、ロシア語を話す。ロシアは「ロシア人の帝国」として極東にまで拡張してきたのであって、北方領土はその拡張が日本との衝突によって「一時停止」した地点とみることができよう。

他方、そのような光景が広がっているのは法的に承認されたロシアの国境内においてだけではない。東欧に、カフカスに、中央アジアにさえ「ロシア的なるもの」は広がっている。それゆえに、ソ連という帝国の崩壊にロシア人は悩んだ。ロシアとはいったいどこまでを指すのだ、帝国後のロシアをどこまでとみればよいのか、と。

ソ連崩壊後、「ロシア」の範囲をめぐって試行錯誤を繰り返したのちにロシアが見出したのは、旧ソ連諸国を消極的にではあっても「勢力圏」として影響下に留めることであった。このような論理の帰結が2014年のウクライナへの介入であり、それに続く西側との対立の再燃であったと言えよう。

だが、これはロシアの論理である。本書の第6章では、カナダが米国を、ロシア極東部が中国を巨大な象に見立てる声を紹介したが、旧ソ連諸国から見たロシアも実は巨象なのではないか。

あるいは、ロシアを夢見る巨人と見立ててもよいかもしれない。ユーラシアの巨大な陸塊の上で、ロシアは壮大な「勢力圏」の夢を見ている。それは巨人の頭の中に広がる世界ではあるが、巨人が高揚のあまり、あるいは自らを脅かす「カラー革命」の悪夢に怯えて寝返りを打てば、隣人たちに影響を与えずにはいられない。2014年にウクライナで発生し、現在まで続く紛争は、その長い余韻と言える。

もちろん我が国もまた「巨人」の隣人であることは忘れられるべきではない。米国に対するカナダのように、日本がロシアに依存しているわけではないが、北方領土問題が存在する以上、日本は否応なく巨人の去就に影響されざるを得ない。

北方領土訪問の2日目、筆者らは択捉島を訪れた。択捉島ではいくつかのグループに分かれて現地の住民宅に数時間滞在し、お茶などをともにしながら交流を深めるプログラムが組まれるのが常である。

今回、筆者のグループを受け入れてくれたのは、レイドヴォ（日本名：別飛《べっとぶ》）に住むジャンナさん一家であった。択捉島生まれで、母親はウクライナに移住してしまったが、まだ妹とおじさんは通りのすぐ向かいに住んでいるという。暮らしは決して豊かではないが、生まれ育ったこの島を離れるつもりはないと話す。「では、もしこの島が日本のものになったら？」とはさすがに尋ねることはできなかった。ことの是非は別として、ここは彼女にとって分かちがたい「故郷」なのだ。それが「外国」になってしまうという事態（我々が目指しているのはまさにそれを実現させることなのだが）を気軽に口にすることは、どうしてもためらわれた。

ジャンナさんはとにかく気のいい女性で、「当局からはアルコールを出さないように言われてるの。でもこんな暑い日は冷たいシャンパンで乾杯すべきです！」と冷蔵庫から冷やした瓶を出して我々に振る舞ってくれた（正しくはソ連式の発泡ワイン「シャンパンスコエ」だが）。食卓には小学生の娘さんが焼いたという見事な鮭のピローグ（パイ）やお菓子が溢れるほど並ぶ。家庭訪問を受け入れる家には日本政府から手当てが出ているので向こうの持ち出しはない筈だが、それでも精一杯の歓待をしてくれていることは疑いなく伝わってきた。

ちなみにこの日は7月29日の日曜日。ロシアでは7月の最終日曜日は海軍記念日ということになっており、この日はまさにそれに当たっていた。元国境警備隊の船乗りだったという夫のイーゴリさんは、筆者らのグループに元海上自衛隊の海将がいることを知ると「艦隊の日に我が家に提督が来てくれるとは名誉だ！」と、海軍の守護聖人であるウシャコフ提督の小さなイコンをプレゼントしてくれた。海の男同士の交流は見ていてなかなか気持ちのいいものだ。

政治という距離さえなければ、そこには人間同士がいるに過ぎない。どうして彼らとはこんな七面倒な「交流」を通じてしか触れ合えないのだろうか。という気持ちがふとよぎった。

しかし、筆者は本書を「いい話」で終わらせるつもりはない。

北方領土から戻ってすぐ、インターネットで目にしたニュースに目が釘付けになった。北方領土にロシア航空宇宙軍の戦闘機が配備されたことを報じるサハリンの地元紙の記事であった。契約している衛星画像サービスで択捉島のヤースヌィ空港上空の画像をダウンロードしてみると、そこには最新鋭のSu－35S戦闘機が3機並んでいる様子が確認できた。画像の日付は7月29日。筆者がジャンナさん一家との交流に心温まる思いをしていたまさにその日である。

通常は見せてくれる筈の空港になぜか立ち入れなかったのは、まさにこのためだったのだろう。あれほど親切にしてくれた住民たちも、そのことは決して我々に明かさなかった。

北方領土は、比喩的な意味でも純軍事的な意味でも、要塞である。そして、その双方の意味において、要塞の城壁は年々高く、厚くなりつつある。その要塞の住人たちとほんの数時間過ごした程度では、わだかまりが解ける筈はないのだ。

北方領土に入るのが「入域」なら、出るのは当然「出域」である。すべての交流を終えて船に戻った翌朝、「えとぴりか」は南に針路を取り、やがて日露の中間線を越えた。それとほぼ同時に、根室海上保安部の巡視船が左舷側に姿を現した。

5年前もそうだったが、この時の安堵感はなかなか説明しがたいものがある。ただの海外旅行に行ってきたわけではない。日本だと主張してはいるが、ロシアの実効支配が及ぶ地域から戻ってきたのだ。そうして目にした巡視船の白い船体と、船首の小さな機関砲は、途方もなく頼もしく見えた。

気付いてみれば筆者もまた、要塞の住人だったということだろう。

あとがき

ロシア語には「ドマセート」という言葉がある。家にいるのが好きな人という意味で、要は出不精ということなのだが、筆者はまさにそれに当てはまるだろう。そもそも旅行というものが面倒で、家や研究室でゴロゴロしてばかりいる。

旅行好きの妻は、そんなことばかりしていて楽しいのかとよく不平をこぼすが、筆者としては一向に退屈したことはない。物理的には部屋の中にいても、常に旅はできるからだ。時にロシアの核ミサイル基地を覗き、またある時は喧々諤々の議論が交わされるクレムリンの会議室を垣間見るこの「旅」は、一度始めるとやめられない魅力を持っている。

他方、筆者はシンクタンク研究員や大学教員として様々な研究プロジェクトに関わってきた。こうしたプロジェクトには現地調査のための出張が含まれていることが多く、プロジェクトメンバーになったからにはスーツケースに荷物を詰めて物理的に旅に出ざるを得ない。だが、百聞は一見に如かずという言葉どおり、現地を見なければわからないことというのもたしかにある。

何かの全体像を描くという仕事をするには、机の上でする旅と、足を使って現地に飛び込む旅の双方がなくてはならない。対象がロシアのような巨大国家であればなおさらである。したがって、本書には二人の著者が存在すると言えるだろう。一人は家で本やコンピューターの画面を通じて世界を覗き見ているドマセートの筆者、そしてもう一人は、報告書のノルマを抱えて物理的な旅に出ている筆者である。どちらも同一の人間のことではあるのだが、その時々の精神的な身の置きどころは大きく違う場所にあり、一方の「旅」に出ている間はもう一つの「旅」は中断されている。

ドマセートとしての筆者が担当した部分の多くは、これまで様々な媒体で発表した論文、論考、記事などを大幅に加筆・修正・編集することで出来上がっている。

中心となったのは第1章および第2章の基礎となった国際安全保障学会の会報誌向け論文「ロシアの秩序観――『主権』と『勢力圏』を手掛かりとして」（『国際安全保障』第45巻第4号、2018年3月、32〜47頁）である。元々筆者の専門はロシアの軍事安全保障政策であり、このような広範な問題はあくまでもバックグラウンドとして横目に見てきただけであったが、慶應義塾大学の鶴岡路人准教授より「秩序特集」の一環として打診を受け、取り組む機会を得ることができた。結果的に、本論文は2018年度の国際安全保障学会最優秀新人論文賞という名誉ある賞をいただくことになり、さらに本書を執筆する大きな動機となった。鶴岡准教授にはこの場を借りて改めてお礼を申し上げたい。

また、第1章で触れたロシアの地政学思想については、これと並行して書かれた『アスティオン』のエッセイ「プーチン政権と地政学の復権――ロシアの『大国』アイデンティティ」(『アスティオン』第88号、2018年、69~82頁)を基礎としてまとめ直した。

この他には、第5章から第7章が以下の文章を元にしているが、多くは原形を留めていない。第4章については書き下ろしである。

第5章「中東湾岸地域に対するロシアの軍事的関与――その実態と限界」(『中東研究』2017年度第3号、2018年1月、38~49頁)

第6章「軍事面から見た日露平和条約交渉――『軍事の論理』と『政治の論理』の狭間で」(『ポスト・プーチンのロシアの展望』日本国際問題研究所、2019年、77~84頁)

第7章「北極圏の軍事化をめぐるパラドックス」(『共振する国際政治学と地域研究――基地、紛争、秩序』勁草書房、2019年、85~102頁)

他方、「はじめに」および「おわりに」における北方領土の描写と、第3章における旧ソ連諸国に対するロシアの介入実態は、現地における筆者の見聞とそれに触発された書き下ろしである。

北方領土へは、独立行政法人北方領土問題対策協会の「平成30年度北方四島交流第1回一般訪問事業」の枠内で訪問したが、この訪問団に加わるにあたっては、我が国におけるロシア研究の第一人者として知られ、北方領土問題に長らく携わってきた新潟県立大学の袴田茂樹教授から推薦をいただいた。また、元島民一世として民間による北方領土交流を切り拓き、現在に至るも現地との架け橋役を担う北方領土返還要求運動連絡協議会の児玉泰子事務局長は、訪問団長として一切の実務を取り仕切ってくださった。両者のお力添え無くして本書は実現しなかったと言ってもよい。

グルジアへの訪問は、平成28年度科研費基盤研究（B）「コンステレーション理論に基づくウクライナ危機とエネルギー安全保障の総合的研究」の枠組みで行われたものであり、研究代表者である立教大学の蓮見雄教授と、ロジ面を担当いただいた筑波大学の東野篤子准教授に多大のお世話になった。また、麗澤大学の石郷岡建講師は、パソコンの電源を忘れた上に現地通貨への両替を怠っていた筆者に快くラリを貸してくれたが、よく考えるとまだ返していない。本書を読まれたら是非連絡いただきたいが、時効だと言うならそれでも全く構わない。

一方、エストニアおよびラトヴィアには、筆者が当時所属していた公益財団法人未来工学研究所が平成29年度外務省外交・安全保障調査研究事業「技術革新がもたらす安全保障環境の変容と我が国の対応」の一環として実施した調査研究のために訪れた。特に筆者の発案を快く受け入れて研究主幹を担当してくれた西山淳一研究参与、ロジ面の一切を取り仕切ってくれた伊藤和歌子主任研究員、当時体調のすぐれなかった筆者を終始気遣いながら旅を共にしてくれた山本智史研究員にはかつての同僚として特にお礼を申し上げる。

さらに本書の執筆過程では、北九州市立大学の中井遼准教授からバルト三国に関して多くの示唆と資料提供を頂くなど、多くの方々から支援を受けた。そのすべてをここで挙げることは叶わないが、等しく感謝申し上げたい。もちろん、本書に含まれる多くの誤りはすべて筆者の責任である。

最後に、東京堂出版の編集者である吉田知子氏は、前著『プーチンの国家戦略』に続く企画として本書の出版を提案いただいた。無秩序に書き散らされた筆者の文章がまとまった形をとって世に出ることができたのは、同氏の尽力によるものである。

Cambridge University Press, 2011, pp.99-100.

180 Alexander Sergunin and Valery Konyshev, *Russia in the Arctic: Hard or Soft Power?* ibidem, 2015, p.145.

181 この種の脅威認識は北極の安全保障に関するほとんどのロシア側著作物に見られる。一例として以下を参照。 А.И. Подберезкин, *Военные угрозы России,* Издательство «МГИМО-Университет,» 2014, pp.130-131.

182 *U.S. Navy Arctic Roadmap 2014-2030.* <http://greenfleet.dodlive.mil/files/2014/02/USN-Arctic-Roadmap-2014.pdf>

183 Sergunin and Konyshev, *op. cit.,* p.145.

184 "Putin Says Russia Needs to Beef Up Arctic Presence," *AP,* 2013.12.5.

185 対潜艦艇は氷に覆われた海域を航行することはできず、対潜航空機は氷の下に聴音ブイ（ソノブイ）を投下することができないためである。

186 А. А. Храмчихин, "Станет ли Арктика театром военных действий по последнему переделу мира?" *Арктика и Север,* No.10, 2013, p.2.; Юрий Банько, "Арктика – зона конфронтации: Россия вступает в битву за свои интересы на Севере," *Независимое военное обозрение,* 2014.4.18.

187 Владимир Дворкин, "Сдерживание и стратегическая безопасность," Алексей Арбатов, Владимир Дворкин ред., *Ядерная перезагрузка,* Московский центр Карнеги, 2011, pp.23-45.

188 Владимир Пырьев, Владимир Дворкин, *op. cit.,* pp.173-191.

189 Sergunin and Konyshev, *op. cit.,* 2016, pp145-146.

190 Markushina and Lagutina, *op. cit.,* 2017, p.327-328.

191 "Russia wants Sweden and Finland against NATO Membership," *Defense News,* 2014.6.12.

192 Huebert, *op. cit.,* 2017, p.365.

193 岡田美保「ロシアの北極政策——日本への含意」『国際安全保障』第42巻第1号、2014年6月、43-44頁。

2011.10.17.

166 NSRに関するロシア政府の取り組みについては以下を参照。小泉悠「ロシアにおける海洋法制―北極海における安全保障政策に着目して―」『外国の立法』第259号（2014年3月）、89-91頁。

167 Centre for High North Logistics Information Office, *NSR Transit 2013.* <http://www.arctic-lio.com/docs/nsr/transits/Transits_2013_final.pdf>

168 *Основы государственной политики Российской Федерации в Арктике на период до 2020 года и дальнейшую перспективу.* <http://scrf.gov.ru/security/economic/document98/>

169 2010年12月、エネルギー安全保障をテーマに開催された安全保障会議では、ロシアの石油資源の確認埋蔵量中50%が採掘済であり、天然ガスについては残りの確認埋蔵量が165兆立方メートルであることが報告された。"Энергетика социальной безопасности," Российская газета. 2010.12.14.

170 北極圏におけるロシアの資源開発の現状については以下を参照されたい。原田大輔「欧米制裁下、ロシア北極圏で進む石油ガス開発の現状」『石油・天然ガスレビュー』第51巻第5号、2017年9月、43-78頁。

171 Natalia Markushina and Maria Lagutina, "The Arctic Region and the "New North" The Russian Approach," Natalia Tsvetkova ed., *Russia and the World: Understanding International Relations,* Lexington Books, 2017, p.332.

172 *О Стратегии развития Арктической зоны Российской Федерации и обеспечения национальной безопасности на период до 2020 года.* <http://government.ru/info/18360/>

173 ソ連は海軍向けに6隻の原子力砕氷船を建造し、現在もこのうち4隻が国営企業アトムフロートによって運航されている。2017年にはその後継となる新型原子力砕氷船の1番船も進水した。

174 *Стратегия национальной безопасности Российской Федерации до 2020 года.* <https://rg.ru/2009/05/19/strategia-dok.html>

175 *Стратегия национальной безопасности Росси йской Федерации.* <http://www.scrf.gov.ru/security/docs/document133/>

176 "Рогозин: против объектов РФ в Арктике могут быть совершены диверсии," *РИА Новости,* 2013.6.28.

177 "Арктику обезопасят от террористов: Александр Бортников встал на защиту Северного морского пути," *Независимая газета,* 2015.8.12.

178 В.А.Корзун, *Конфликтное использование морских и прибрежных зон россии в XXI веке,* Экономика, 2004, p.6.

179 Katarzyna Zysk, "Military Aspects of Russia's Arctic Policy: Hard Power and Natural Resources," James Kraska, ed., *Arctic Security in an Age of Climate Change,*

トレーニン（“RESOLVED: Japan could play the Russia Card Against China,” *Debating Japan,* Vol.2, Issue3, 2019.3.12.）やガブーエフ（“Japan Objects to Russian Military Construction on Disputed Islands,” *Wall Street Journal,* 2018.12.18.）が中国ファクターによる日露の接近というシナリオに疑問を呈している。

156　*Выступление и ответы на вопросы СМИ Министра иностранных дел России С.В.Лаврова в ходе пресс-конференции по итогам переговоров с Министром иностранных дел Японии Т.Коно,* Москва, 2019.1.14. <www.mid.ru/ru/vizity-ministra/-/asset_publisher/ICoYBGcCUgTR/content/id/3472147>

157　Rolf Tamnes and Sven G. Holtsmark, “The geopolitics of the Arctic in historical perspective,” Rolf Tamnes and Kristine Offerdal eds., *Geopolitics and Security in the Arctic,* Routledge, 2014, p.13.

158　この時期の北極圏探検に関しては以下を参照。А.Б.Широкорад, Битва за русскую арктику XVI-XXI вв, Издательский дом Вече, 2008, pp.3-92.

159　北極の軍事戦略上の意義については、ノルウェー国防省指揮参謀大学のディンダルが以下の優れたサーベイ論文をまとめている。 Gjert Dyndal, *The Northern Flank and High North Scenarios of the Cold War,* 2013.10.24. <https://brage.bibsys.no/xmlui/bitstream/handle/11250/285604/Paper_The%20Northern%20Flank%20and%20High%20North%20Scenarios%20of%20the%20Cold%20War_Dyndal%202013.pdf>

160　チューレ上空における滞空警戒プログラムについては以下を参照されたい。エリック・シュローサー著、布施由紀子訳『核は暴走する　アメリカ核開発と安全性をめぐる闘い＜下＞』河出書房新社、2018年、102-107頁（原題：Eric Schlosser, *Command and Control: Nuclear Weapons, the Damascus Accident, and the Illusion of Safety,* Penguin Press, 2013.）。

161　大学共同利用機関法人情報・システム研究機構 国立極地研究所、ADS (Arctic Data archive system). <https://ads.nipr.ac.jp/vishop.ver1/ja/vishop-extent.html>

162　大学共同利用機関法人情報・システム研究機構 国立極地研究所「北極海の9月の海氷面積：観測史上初めて5年を超えて最小記録を更新せず」2017年9月15日。<http://www.nipr.ac.jp/info/notice/20170915.html>

163　*Circum-Arctic Resource Appraisal: Estimates of Undiscovered Oil and Gas North of the Arctic Circle,* U.S. Geological Survey, 2008. <https://pubs.usgs.gov/fs/2008/3049/fs2008-3049.pdf>

164　Rob Huebert, “Security challenge in the Arctic,” Elena Conde and Sara Iglesias Sánchez eds., *Global Challenges in the Arctic Region,* Routledge, 2016, p.366.

165　“Warming Revives Dream of Sea Route in Russian Arctic,” *New York Times,*

させることができるとされている。Владимир Пырьев, Владимир Дворкин, “Программа США/НАТО и стратегическая стабильность,” Алексей Арбатов, Владимир Дворкин ред., *Противоракетная оборона: Противостояние или сотрудничество?* Московский центр Карнеги, 2012, pp.173-191. ドヴォルキンはこの書籍に収録された別の単著論文において、上昇速度の遅い液体燃料型SLBMであれば将来型の迎撃ミサイルによる可能性があるとしているものの（Владимир Дворкин, “Перспектив противоракетного сотрудничества США/НАТО и России,” *ibid,* pp.197-198.）、前述の955型が装備するSLBMは固体燃料型のR-30ブラワーであるから、やはり北方領土をめぐるロシアの言説は該当しない。

148　旧ワルシャワ条約機構加盟諸国のＮＡＴＯ加盟と北方領土を対比する議論としては、鶴岡の以下の論考がある。鶴岡路人「返還後の北方領土への米軍駐留をめぐる論点――ドイツ統一とＮＡＴＯ拡大の事例から考える（1）」『国際情報ネットワーク分析 IINA』2018年12月14日。<https://www.spf.org/iina/articles/tsuruoka-europe-uspre1.html>

149　「日露平和条約交渉、中国の脅威念頭　自民総裁外交特別補佐・河井克行氏」『産経新聞』2019年1月9日。

150　中露国境交渉の経緯については、これを日露の領土問題と重ね合わせて論じた岩下の業績が詳細である。岩下明裕『北方領土問題　4でも0でも、2でもなく』中央公論新社、2005年。

151　Hans-Henning Schröder, “What kind of Political Regime Does Russia Have?” Stephen White ed., *Politics and the Ruling Group in Putin's Russia,* Palgrave, 2008, pp. 1-26.

152　『平成30年版防衛白書 日本の防衛』防衛省<https://www.mod.go.jp/j/publication/wp/wp2018/w2018_00.html>

153　もちろん、ロシア軍が対中戦争に備えていないわけではない。ロシア軍東部軍管区が4年に1回極東で実施している大規模軍事演習「ヴォストーク」において予備役の動員を含む大規模国家間戦争の訓練を継続的に実施していること、そのための動員基盤が他の軍管区と比較して大規模であること、最近になって東部軍管区内にイスカンデル-M短距離ミサイル・システムが増強されたことなどは、平時から極東に大規模な兵力を展開させておけないロシア軍が、動員と戦術核戦力によってどうにか有事の均衡をとろうとしているものと解釈できよう。

154　これについてはカーシンとガブーエフがまとまった研究成果を残している。Василий Кашин и Александр Габуев, *Вооруженная дружба: как Россия и Китай торгуют оружием,* Московский Центр Карнеги, 2017.

155　Виктор Кузьминков, “Японский клин,” *Известия,* 2019.1.11. このほかには

30-31頁。
136　テレビ朝日のインタビューに対する安倍首相の発言。「在日米軍『敵対的でない』と首相　ロシア大統領に説明」『時事通信』2019年1月1日
137　「『北方領土に基地』否定」『朝日新聞』2019年1月10日
138　「ロシア、安倍首相は『無神経』」『47NEWS』2019年1月15日
139　このうち、Su-35Sの展開についてはサハリンの地元紙によって報じられているが（“Истребители Су-35С заступили на боевое дежурство в аэропорту Ясный,” *SAKHALIN INFO,* 2018.8.3.）、Su-25については公開情報が見られない。また、同じく衛星画像による分析では、Su-35SとSu-25はいずれも冬を前に撤退したと見られるが、2019年春以降に再展開する可能性が高い。今後、配備が恒久的なものとなるか、あるいはより大規模な配備となるかどうかは飛行場の支援施設の整備状況が注目されよう。
140　Константин Богданов, “Молниеносная стратегическая оборона: В США выяснили, как Россия собирается воевать,” *Известия,* 2017.12.22.
141　Alexandr Golts, “The Arctic: A Clash of Interests or Clash of Ambitions,” Stephen J. Blank ed., *Russia in the Arctic,* Strategic Studies Institute, 2011, pp.53-54.
142　“Медведев бряцает словами,” *Свободная пресса,* 2011.2.16.
143　“На Курилах сослуживцы убили солдата лопатой,” *Газета,* 2006.2.22.
144　“Прокуратура проверяет информацию о голодающих солдатах на Курилах,” *РИА Новости,* 2013.2.6.
145　ただしプーチン大統領はこの提案をはねつけたと述べている。Владимир Путин, “Быть сильными: гарантии национальной безопасности для России,” *Российская газета,* 2012.2.20.
146　たとえばロシアの有力軍事シンクタンク「戦略技術分析センター」は2015年の報告書において955型SSBNの建造を6隻に留めるとともに旧式の667BDRM型（デルタIV型）SSBNを退役させ、SSBN部隊を1個潜水艦師団に集約するよう提案している。報告書には言及がないが、ここでは太平洋艦隊の667BDR型（デルタIII型）の退役も当然想定されていると考えられることから、結果的にオホーツクの「要塞」を放棄して北極海に集約するという提案と解釈できよう。*Государственные программы вооружения Российской Федерации: проблемы исполнения,* Центр анализа стратегий и технологий, 2016, p.27.
147　たとえば元戦略ロケット軍司令官を務め、現在もロシア有数の核戦略家として知られるドヴォルキンらの試算によれば、米国の武装解除攻撃によってICBMの80%とSSBNの50%を壊滅させられ、報復攻撃が100発の迎撃ミサイルによる迎撃を受けたとしても、450発程度の戦略核弾頭を米本土に到達

Insider, 2017.10.16.

119　Jacob L. Shapiro, "Russia-U.S. Relations and Future of Syria," *Valdai Papers,* No.73, August 2017, pp.7-9.

120　Ekaterina Stepanova, "Does Russia Have a Grand Plan for the Middle East?" *Politique étrangère,* 2016/2, Summer 2016, pp.23-35.

121　Nikolas K. Gvosdev, "Russia's Hand is Visible Everywhere in the Middle East," *National Interest,* 2017.9.12.

122　Dmitri Trenin, *Russia in the Middle East: Moscow's Objectives, Priorities, and Policy Drivers,* Carnegie Endowment for International Peace, 2016. <http://carnegieendowment.org/files/03-25-16_Trenin_Middle_East_Moscow_clean.pdf>

123　"Нелетная погода," *Лента.Ру,* 2016.8.24.

124　ウラジーミル・ソローキン著、松下隆志訳『親衛隊士の日』河出書房新社、2013年、205頁

125　冷戦後の日露交渉の経緯については、以下を参照した。石郷岡建『論点整理　北方領土問題』東洋書店、2012年。

126　"Путин: диалог с Японией по мирному договору требует серьезной проработки," *ТАСС,* 2018.11.15.

127　"Лавров: суверенитет над Курилами не обсуждается, это территория России," *Коммерсантъ,* 2019.1.14.

128　「訪日に先立ってプーチン大統領が日本テレビと読売新聞の取材に応じた」『大使館ニュース』2016年12月13日<https://tokyo.mid.ru/web/tokyo-ja/-/-2016-12-13->

129　*Заявления для прессы и ответы на вопросы журналистов по итогам российско-японских переговоров,* 2016.12.16. <http://www.kremlin.ru/events/president/transcripts/53474>

130　*Встреча с руководителями международных информационных агентств,* 2017.6.1. <http://www.kremlin.ru/events/president/news/54650>

131　*Большая пресс-конференция Владимира Путина,* 2018.12.20. <http://www.kremlin.ru/events/president/news/59455>

132　会見の非公開部分における発言として報じられたもの。"Несбыточное давление: Как Владимир Путин на съезде РСПП защищал бизнес и защищался от него," *Коммерсантъ,* 2019.3.15.

133　「訪日前、強硬姿勢でクギ　プーチン氏」『朝日新聞』2016年12月14日

134　2017年6月のプーチン大統領の発言後、在日ロシア大使館武官室は自衛隊関係者や報道機関を招いた説明会を行い、ＭＤ計画がロシアの核抑止に及ぼす悪影響についてCGを用いた異例のプレゼンテーションを行った。

135　『外務省機密文書　日米地位協定の考え方　増補版』琉球新報社、2004年、

よる空爆が開始される前の段階であり、シリア作戦に向けた準備段階で発生した出来事であることがわかる。
104 Mark Galeotti, “Putin is Playing by Chechen Rules in Aleppo,” *Foreign Policy,* 2016.9.29.
105 “Шойгу рассказал о росте числа высокоточных крылатых ракет за шесть лет,” *РИА Новости,* 2019.3.11.
106 “Векторы развития военной стратегии,” *Красная звезда,* 2019.3.4.
107 “Погибший российский генерал Асапов командовал корпусом в армии Асада,” *Рейтер,* 2017.9.28.
108 名越健郎「前『維新』暴言の裏で進むロシア軍の北方領土『戦闘準備』」「フォーサイト」2019年5月19日
109 “Гости с Сахалина:18-я ПУЛАД в составе сил вторжения,” *Database of Russian aggression,* 2015.1.23. <https://informnapalm.org/4981-gosty-s-sahakyna-18-ya-pulad/>
110 ワグネルについては以下の拙稿を参照されたい。小泉悠「ロシア謎の民間軍事会社ワグネル」『軍事研究』第54巻第4号、2019年4月、230-241頁。
111 *Концепция внешней политики Российской Федерации,* 2016.11.30. <http://scrf.gov.ru/security/international/document25/>
112 *Военная доктрина Российской Федерации,* 2014.12.25. <http://scrf.gov.ru/security/military/document129/>
113 たとえば2016年に公表されたEUのグローバル戦略では、中東および北アフリカのテロリズムおよび過激主義の流入が主要な脅威として挙げられている。*Shared Vision, Common Action: A Stronger Europe,* European Union, June 2016, p.10. <http://www.eeas.europa.eu/archives/docs/top_stories/pdf/eugs_review_web.pdf>
114 Michael Klare, *Blood and Oil: The Dangers and Consequences of America's Growing Dependency on Imported Petroleum,* Metropolitan Books, 2004.; 小野沢透「アメリカと中東：歴史的な視点から」『グローバル戦略課題としての中東　2030年の見通しと対応』日本国際問題研究所、2014年、133-144頁。
115 日本エネルギー経済研究所公式サイトより。「ロシア」<https://eneken.ieej.or.jp/news/trend/pdf/2017/2_Europe_Central_Asia/2-14_Russia.pdf>
116 *Транспорт в России: Официальное издание,* Федеральная служба государственной статистики, 2018, p. 33.
117 James Sladden, Becca Wasser, Ben Connable, Sarah Grand-Clement, *Russian Strategy in the Middle East,* RAND Corporation, 2017. <https://www.rand.org/content/dam/rand/pubs/perspectives/PE200/PE236/RAND_PE236.pdf>
118 Xander Snyder, “What Russia's Middle East strategy is really about,” *Business*

編著『ウクライナを知るための65章』明石書店、2018年、277-278頁)。

91　この過程については、アントン・ラヴロフによる研究が当時のロシア軍の行動を部隊単位で明らかにしている。Anton Lavrov, "Russia Again: The Military for Crimea," *Brothers Armed: Military Aspects of the Crisis in Ukraine,* East View Press, 2014.

92　*Владимир Путин ответил на вопросы журналистов о ситуации на Украине,* 2014.3.4. <http://kremlin.ru/events/president/news/20366>

93　軍人を含めた当時のクリミア住民の声を知る上では、毎日新聞記者として現地で複数回・長期にわたる取材を行った真野森作による記録が優れている。ここには多くの現地住民が登場するが、ロシアへの併合を望む、あるいは当然視する声が非常に多いことに驚かされる。真野森作『ルポ　プーチンの戦争　「皇帝」はなぜウクライナを狙ったのか』筑摩書房、2018年。

94　*Обращение Президента Российской Федерации,* 2014.3.18. <http://kremlin.ru/events/president/news/20603>

95　*Крым. Путь на Родину.* <https://www.youtube.com/watch?v=t42-71RpRgI>

96　ただし、これがロシアの確固たる核ドクトリンにまでなっているのか、単に核を用いた「サーベルの脅し」であるのかについては議論がある。懐疑論としては以下を参照されたい。Olga Oliker, *Russia's Nuclear Doctrine: What We Know, What We Don't, and What That Means,* CSIS, 2016. <http://csis.org/files/publication/160504_Oliker_RussiasNuclearDoctrine_Web.pdf>; Jacek Durkalec, *Nuclear-Backed "Little Green Men:" Nuclear Messaging in the Ukraine Crisis,* The Polish Institute of International Affairs, June 2015. pp.15-19.

97　"Думали, что в Донбасс, а оказалось — в Сирию," *Газета,* 2015.9.18.

98　2016年12月に開催された国防省拡大幹部評議会におけるショイグ国防相の発言による。*Выступление Министра обороны Российской Федерации генерала армии Сергея Шойгу на расширенном заседании Коллегии Минобороны России,* 2016.12.22. <https://syria.mil.ru/files/morf/2016-12-22_MoD_board_extended_session_RUS.pdf>

99　Henry Meyer and Donna Abu-Nasr, "Putin Is Filling the Middle East Power Vacuum," *Bloomberg,* 2017.10.3.

100　*The Military Balance 2019,* The International Institute for Strategic Studies, 2019, p.203.

101　Tom Waldwyn, "Russian military lift risks atrophy," *MILITARY BALANCE BLOG,* 2017.7.6. <https://www.iiss.org/blogs/military-balance/2017/07/russian-military-lift>

102　"Thousands of Russian private contractors fighting in Syria," *AP,* 2017.12.12.

103　*Газета,* op. cit., 2015.9.18. ちなみにこの記事が掲載されたのはロシア軍に

対外情報庁の年報がＮＡＴＯ諸国に対するロシアの直接的な軍事的脅威は低いとしているのに対し（*International Security and Estonia 2018,* Estonian Foreign Intelligence Service, 2018, p.3. <https://www.valisluureamet.ee/pdf/raport-2018-ENG-web.pdf>）、リトアニア国家安全保障局および国防省の脅威見積もりではロシアの軍事的脅威がより強調されている（*National Threat Assessment 2019,* State Security Department of the Republic Lithuania and Second Investigation Department under the Ministry of National Defence, 2019. <https://www.vsd.lt/wp-content/uploads/2019/02/2019-Gresmes-internetui-EN.pdf>）。

76 *Estonian Internal Security Service Annual Review 2017.* <https://www.kapo.ee/sites/default/files/public/content_page/Annual%20Review%202017.pdf>

77 Steven Pifer, *The Eagle and the Trident: U.S.-Ukraine Relations in Turbulent Times,* Brookings Institution, 2017, p. 201.

78 "Блок НАТО разошелся на блокпакеты," *Коммерсантъ,* 2008.4.7.

79 ブレジンスキー、*op. cit.,* 68頁、127頁。

80 Samuel Charap and Timothy J. Colton, *Everyone Loses: The Ukraine Crisis and the Ruinous Contest for Post-Soviet Eurasia,* IISS, 2017, pp.51-52.

81 ソルジェニーツィン、*op. cit.,* 12-27頁。

82 Hrihoriy Perepelitsa, "Military-Indusrial Cooperation between Ukraine, Belarus, and Russia: Possibilities, Priorities, Prospects," in Robert Legvold and Celeste A. Wallander, eds., *Swords and Sustenance: The Economics of Security in Belarus and Ukraine,* The MIT Press, 2004, pp.129-158.

83 Pifer, *op. cit.,* p.92.

84 Владимир Путин, "Новый интеграционный проект для Евразии — будущее, которое рождается сегодня," *Известия,* 2011.10.3.

85 Samuel Charap and Timothy J. Colton, *op. cit.,* pp.103-104.

86 *Ibid,* p.98.

87 EaPとロシアの関係については東野の業績を参照。東野篤子「EUの東方パートナーシップ（EaP）政策の展開」『ロシア・ユーラシアの経済と社会』第1034号、2018年11月、2-25頁。

88 Samuel Charap and Timothy J. Colton, *op. cit.,* p. 121

89 Juliet Johnson and Benjamin Forest, "Waving the EU Flag in Eurasia," *PONARS Policy Memo,* No.590, April 2019.

90 2004年憲法はオレンジ革命の際に1996年憲法を改正する形で導入された。同憲法では最高会議が首相候補を提案する権限を有しており、大統領が首相の任免権限を有していた1996年憲法に比べると大幅に議会の権力が強い。しかしヤヌコーヴィチ政権下では2004年の改正は無効とされ、1996年憲法が通用していた（服部倫卓「ウクライナの憲法・国家体制」原田義也、服部倫卓

62　*NATO Press Release 2008 (049): Bucharest Summit Declaration,* <http://www.NATO.int/docu/pr/2008/p08-049e.html>

63　小林正英「パートナーシップ」広瀬佳一、吉崎知典編『冷戦後のＮＡＴＯ“ハイブリッド同盟”への挑戦』ミネルヴァ書房、2012年、227-228頁。

64　Steven A. Hildreth and Carl Ek, “Long-Range Ballistic Missile Defense in Europe,” *CRS Report for Congress,* U.S. Congressional Research Service, 2009.

65　Andrey Makarychev, “Centenary Anniversaries of Independence: Baltic, East European, and Caucasian Contexts,” *PONARS Eurasia Policy Memo,* No. 586, March 2019.

66　「第120回国会　予算委員会　第５号」<http://kokkai.ndl.go.jp/SENTAKU/syugiin/120/0380/12002040380005a.html>

67　中井遼『デモクラシーと民族問題　中東欧・バルト諸国の比較政治分析』勁草書房、2015年、132頁。

68　佐藤優の記念碑的著作である『自壊する帝国』（新潮社、2006年）は、ラトヴィアの独立に奔走する知識人たちの姿を中心としてその過程を生々しく描いている。

69　リチャード・クラーク、ロバート・ネイク著、北川知子、峯村利哉訳『核を超える脅威　世界サイバー戦争　見えない軍拡が始まった』徳間書店、2011年、22-24頁。（原題：Richard A. Clarke and Robert K. Knake, *Cyber War: The Next Threat to National Security and What to Do About It,* Ecco, 2010.）

70　たとえばジェフリー・カーは、クレムリン（ロシア政府）が「ナーシ」のような官製青年運動にサイバー攻撃を担当させ、「ナーシ」はさらに一般のハッカーを雇って実際のサイバー攻撃部隊にするという３層のモデルを描いている。Jeffrey Carr, *Inside Cyber Warfare: Mapping the Cyber Underworld,* O'Reilly, 2011, pp.118-119.

71　*Population by Sex, Ethnic Nationality and Country,* Statistics Estonia, 2018.1.1. <http://pub.stat.ee/px-web.2001/Dialog/varval.asp?ma=PO0222U>

72　*Iedzīvotāju skaits pēc tautības reģionos, republikas pilsētās,* 21 attīstības centrā un novados gada sākumā, Centrālās statistikas pārvaldes datubāzes. <http://data1.csb.gov.lv/pxweb/lv/iedz/iedz__iedzrakst/IRG080.px/?>（Google翻訳により英語版に翻訳して閲覧）

73　*Gyventojų tautybė, gimtoji kalba ir tikyba,* Oficialiosios statistikos portalas, 2013.3.15. <https://osp.stat.gov.lt/informaciniai-pranesimai?articleId=223122>（Google翻訳により英語版に翻訳して閲覧）

74　David A. Shlapak and Michael W. Johnson, *Reinforcing Deterrence on NATO's Eastern Flank: Wargaming the Defense of the Baltics,* RAND Corporation, 2016.

75　ただし、この点についてはバルト諸国内でも見方が分かれる。エストニア上型イージスを配備した場合、最良の条件下でならばロシア西部から発射されたICBMの一部と交戦できる可能性が生じるという程度であり、ロシアの核抑止力を損なうには遠く及ばない。Виктор Есин и Евгений Савостьянов, “ЕвроПРО без мифов и политики,” *Независимое военное обозрение,* 2012.4.13.

46　*Военная доктрина Российской Федерации,* 2014.12.25.<http://scrf.gov.ru/security/military/document129/>

47　Lincoln Mitchell, *The Color Revolutions,* University of Pennsylvania Press, 2012.

48　トレーニンはウクライナのオレンジ革命について、これがロシア政府内部では「クレムリンを近隣諸国で不利な立場に置き、影響力を減退させるためのものであり、そして最終的にはキエフを前哨拠点としてモスクワにまで革命を波及させ、ウクライナと同様の体制変更を実現するのが目的（後略）」の米中央情報局（CIA）の陰謀と受け止められたとしている。Trenin, *op. cit.,* p.89.

49　Валерий Герасимов, “Ценность науки в предвидении,” *Военно-промышленный курьер,* No.8(476), 2013.2.27.

50　“'Цветные революции' – угроза миру,” *Красная звезда,* 2014.5.23.

51　Deyermond, *op. cit.,* pp. 968-970.

52　Ilya Yablokov, *Fortress Russia: Conspiracy Theories in the Post-Soviet World,* Polity, 2018.

53　Deyermond, *op. cit.,* p. 974.

54　Richard Sakwa, *True Sovereignty comes not from Europe but from within,* December 8, 2016. <https://www.chathamhouse.org/expert/comment/russia-question-sovereignty-and-legitimacy-post-soviet-eurasia>

55　梨木香歩『エストニア紀行　森の苔・庭の木漏れ日・海の葦』新潮文庫、2016年、14頁。

56　ロシア軍改革の詳細については以下の拙著を参照されたい。小泉悠『軍事大国ロシア　新たな世界戦略と行動原理』作品社、2016年、193-217頁。

57　George T. Donovan, *Russian Operational Art in the Russo-Georgian War of 2008,* U.S. Army War College, 2009.

58　Michael Kofman, “Russian Performance in the Russo-Georgian War Revisited,” *War on the Rocks,* 2018.9.4. <https://warontherocks.com/2018/09/russian-performance-in-the-russo-georgian-war-revisited/>

59　Ariel Cohen and Robert E. Hamilton, *The Russian Military and the Georgia War: Lessons and Implication,* Strategic Studies Institute, 2012.

60　*Выступление и дискуссия на Мюнхенской конференции по вопросам политики безопасности,* 2007.2.10, <http://kremlin.ru/events/president/transcripts/24034>

61　Allison, *op.cit.,* pp.44-70.

ки безопасности, 2007.2.10. <http://kremlin.ru/events/president/news/46860>

27 *Стратегия национальной безопасности Российской Федерации до 2020 года,* 2009.5.13. <http://kremlin.ru/supplement/424>

28 *Стратегия национальной безопасности Российской Федерации,* 2015.12.31. <http://scrf.gov.ru/security/docs/document133/>

29 これ以前の政策文書においては、多極世界は長期的な達成目標であった。たとえばプーチン政権の登場と同時に策定された2000年の「国家安全保障概念」や「対外政策概念」では米国の一極主義的行動や経済的・軍事的優越が「多極世界」の実現を阻んでいるとの見方が示されており、世界秩序は基本的に一極構造であるとされていた。

30 Roy Allison, *Russia, The West, & Military Intervention,* Oxford University Press, 2013, P.55.

31 Александр Дугин, *Теория многополярного мира, Евразийское движение,* 2013, pp.13-32.

32 Deyermond, *op. cit.,* p.967.

33 *Ibid,* pp.37-59.

34 この意味ではデヤーモンドとカネットの議論が示す地理的な範囲はほぼ同じエリアに収束することになるが、そこに至る論理は当然のことながら大きく異なっている。

35 岡田美保「『介入国としてのロシア』『被介入国としてのロシア』」『国際安全保障』第45巻第2号、2017年9月、26-27頁。

36 Roger E. Kanet, *Russia and Global Governance: The Challenge to the existing Liberal Order,* Macmillan, 2017.

37 "Merkel accuses Russia of adopting 'law of the jungle' in Ukraine," *Financial Times,* 2014.3.13.

38 "Медведев назвал «пять принципов» внешней политики России," *РИА Новости,* 2008.8.31.

39 湯浅剛『現代中央アジアの国際政治　ロシア・米欧・中国の介入と新独立国の自立』明石書店、2015年、32-36頁。

40 Stephen Howe, *Empire: A Very Short Introduction,* Oxford University Press, 2002, pp.14-15.

41 湯浅『現代中央アジアの国際政治』、32-36頁。

42 Дмитрий Тренин, "Россия в СНГ: поле интересов, а не сфера влияния," *Pro et Contra,* September-December 2009.<http://carnegie.ru/proetcontra/?fa=40690>

43 Dmitri Trenin, *op. cit.,* pp.23-26.

44 Bogdanov, *op. cit.,* pp.48-49.

45 イェーシン元戦略ロケット部隊司令官らの試算によると、東欧に米国が陸

12　ロバート・D・カプラン著、櫻井祐子・奥山真司訳『地政学の逆襲：「影のCIA」が予測する覇権の世界地図』朝日新聞出版、2014年、85頁。（原題：Robert D. Kaplan, *The Revenge of Geography: What the Map Tells Us About Coming Conflicts and the Battle Against Fate,* Random House, 2013.）

13　Toal, *op. cit.*, p. 71.

14　“Путин: Граница России нигде не заканчивается,” *Российская газета,* 2016.11.24.

15　Dmitri Trenin, *op. cit.*, p.91.

16　White House, *National Security Strategy of the United States of America,* December 2017, p. 2. <https://www.whitehouse.gov/wp-content/uploads/2017/12/NSS-Final-12-18-2017-0905.pdf>

17　*The Secretary General's Annual Report 2018,* Northern Atlantic Treaty Organization, 2019.

18　Ruth Deyermond, “The Uses of Sovereignty in Twenty-first Century Russian Foreign Policy,” *Europe-Asia Studies,* Vol.68, No.6, July 2016, pp.953-967.

19　たとえば以下を参照。Dmitry Gorenburg, *Russian Military Intervention in Kazakhstan,* American Enterprise Institute, January 2018.<https://www.aei.org/publication/russian-military-intervention-in-kazakhstan/>; Grigory Ioffe, “Belarus and the ‘Ukrainian Scenario’,” *Eurasia Daily Monitor,* Vol.14, Issue 144, November 8, 2017.; Yaraslau Kryvoi and Andrew Wilson, “From Sanctions to Summits: Belarus after the Ukrainian Crisis,” *Policy Memo,* No. 132, May 2015. <https://belarusdigest.com/sites/default/files/ecfr_ostrogorski_centre_-_from_sanctions_to_summits_-_belarus_after_the_ukraine_crisis.pdf>; Christoph Bluth, “The ‘Game’ for Security in Central Asia,” Y. Kalyuzhnova and D. Lynch, eds., *The Euro-Asian World: A Period of Transition,* Palgrave, 2000, pp.38-40.

20　Mälksoo, *op. cit.,* p.102.

21　Bobo Lo, *Russia and the New World Disorder,* Chatham House, 2015, pp. 40-42.

22　“Путин назвал страны, обладающие суверенитетом,” *РОСБАЛТ,* 2017.6.2.

23　*70-я сессия Генеральной Ассамблеи ООН,* 2015.9.28. <http://kremlin.ru/events/president/news/50385>

24　Andrei P. Tsygankov, *Russia's Foreign Policy: Change and Continuity in National Identity,* Rowman & Littlefield, 2013, p.99.

25　Alexey Bogdanov, “Preserving Peace Among the Great Powers: Russia's Foreign Policy and Normative Challenges to the International Order,” Roger E. Kanet ed., *The Russian Challenges to the European Security Environment,* Palgrave, 2017, pp.37-59.

26　*Выступление и дискуссия на Мюнхенской конференции по вопросам полити-*

出典注一覧

1　アレクサンドル・ソルジェニーツィン著、木村浩訳『甦れ、わがロシアよ　私なりの改革への提言』日本放送協会出版、1990年、10頁。（原題：Александр Исаевич Солженицын, “Как нам обустроить Россию? Посильные соображения,” *Литературная газета,* 1990.9.18.）

2　*Население, учтенное при Всероссийской переписи населения 2010 года.* <http://www.gks.ru/free_doc/new_site/perepis2010/croc/Documents/Vol1/pub-01-01_02.pdf>

3　ドミートリー・トレーニン著、河東哲夫・湯浅剛・小泉悠訳、『ロシア新戦略　ユーラシアの大変動を読み解く』作品社、2012年、109-120頁。（原題：Dmitri Trenin, *Post-Imperium: A Eurasian Story,* Carnegie Endowment for International Peace, 2011.）

4　翻訳はWikipedia日本語版に拠った。後述するロシア国歌についても同様である。

5　Владимир Горбулин, “‘Гибридная война’ как ключевой инструмент российской геостратегии реванша,” *ZN.UA,* 2015.1.23.

6　*Послание Федеральному Собранию Российской Федерации,* 2005.4.25. <http://kremlin.ru/events/president/transcripts/22931>

7　Z.ブレジンスキー著、山岡洋一訳『ブレジンスキーの世界はこう動く　21世紀の地政戦略ゲーム』日本経済新聞社、1997年、133-134頁。（原題：Zbigniew Brzezinski, *The Grand Chessboard: American Primacy And Its Geostrategic Imperatives,* Basic Books, 1996.）

8　Gerard Toal, *Near Abroad: Putin, the West, and the Contest over Ukraine and the Caucasus,* Oxford University Press, 2017, pp.57-92.

9　ジョン・エリクソン「ロシアの地政学における事実と幻想」、コリン・グレイ、ジェフリー・スローン編著、奥山真司訳『胎動する地政学　英、米、独そしてロシアへ』五月書房、2010年、184-235頁。（原題：John Erickson, “‘Russia will not be trifled with’: Geopolitical facts and fantasies,” *Journal of Strategic Studies,* Vol. 22, 1999, pp.242-268.）

10　このようにして見ると、いわゆる「右」から「左」まで幅広い面々が揃っているが、乗松亨平は、ロシアにおける政治的傾向が直線的なスペクトラムというよりも円環を成しており、ある部分では思想の両極同士が突然合意するような構造を指摘している。乗松亨平「敗者の（ポスト）モダン」『ゲンロン6』genron、2017年、54-75頁。

11　Lauri Mälksoo, *Russian Approaches to International Law,* Oxford University Press, 2015, pp.102-104.

写真出典

3、8、12、40、88、102、104、124、125、225頁　著者提供
35頁　«Тува-Онлайн», <https://www.tuvaonline.ru/2016/11/16/voennyy-gorodok-v-kyzyle-planiruetsya-sdat-v-ekspluataciyu-v-konce-noyabrya.html>
62、76、100、153、155、157、164、183、185、205、207頁　ロシア大統領府公式サイト<www.kremlin.ru>

図版製作

図１～４、図８～11　藤森瑞樹
図５～７、表１～３　株式会社オノ・エーワン

袴田茂樹　269
橋本龍太郎　204
蓮見雄　269
パトルシェフ、ニコライ　210
ハバーロフ、エロフェイ　226
ヒトラー、アドルフ　107, 108
ヒューバート、ロブ　258
ブーゴ、ボリス　110, 111
プーチン、ウラジーミル　11, 12, 37, 39, 41, 49, 50, 52, 58-60, 62, 66, 69, 70, 73, 74, 77, 81, 89, 91-95, 130, 139, 141-143, 146, 151, 153-157, 159, 160, 164, 171, 183, 186, 189, 201, 204-208, 210, 211, 216, 218, 221-223, 232, 254, 268, 270
プリゴジン、エフゲニー　186, 187
フルリョフ、アナトリー　101
ブレジネフ、レオニード　64
ブレジンスキー、ズビグネフ　42, 46, 131
ホーウェ、ステファン　68
ボグダノフ、アレクセイ　61, 65
細川護熙　204
ホルツマーク、スヴェン　241, 242
ボルトニコフ、アレクサンドル　241, 242
ホルブーリン、ヴォロディミル　41, 77

【ま　行】

マカルィチェフ、アンドレイ　102
マクリーン、アリステア　240, 244
マッキンダー、ハルフォード　30
松本俊一　204
マルティネス、ジュリー　212
ミッチェル、リンカーン　74
武藤山治　107, 108
メドヴェージェフ、ドミトリー　67, 89, 100, 154
メルクソー、ラウリ　47, 49, 58
メルケル、アンゲラ　58, 67, 164
モゲリーニ、フェデリカ　111
森喜朗　204

【や　行】

ヤブロコフ、イリヤ　78
山本智史　270
湯浅剛　68

【ら　行】

ラヴロフ、セルゲイ　144, 207, 234
ラッツェル、フリードリヒ　31
ルカシェンコ、アレクサンドル　237
ルシコフ、ユーリー　46, 215
ロー、ボーボー　58
ロゴージン、ドミトリー　46, 252

人名索引

【あ　行】

アサポフ、ヴァレリー　185, 186
アフロメーエフ、セルゲイ　111
安倍晋三　11, 201, 205, 206, 222-224, 235
アリソン、ロイ　64, 95
アルバートフ、アレクセイ　181
石郷岡建　269
伊藤和歌子　270
エリクソン、ジョン　45
エリツィン、ボリス　44, 91, 204
岡田美保　65
オバマ、バラク　176

【か　行】

カネット、ロジャー　66
カプラン、ロバート　47
ガレオッティ、マーク　180, 182
クジミンコフ、ヴィクトル　234
グロムイコ、アンドレイ　204
ゲラシモフ、ヴァレリー　75-77, 183-185, 187
ゴーリツ、アレクサンドル　215
コズィレフ、アンドレイ　44, 45, 70
児玉泰子　269
小林正英　98
コフマン、マイケル　90
ゴルシコフ、セルゲイ　215
コルズン、V.A.　253
コルトン、ティモシー　132, 143, 144

【さ　行】

サクワ、リチャード　79
シェイクスピア、ウイリアム　136, 207
シャピロ、ジェイコブ　193
習近平　205, 232
ショイグ、セルゲイ　34, 76, 77, 182, 183, 237
ジリノフスキー、ウラジーミル　46
菅義偉　206
スターリン、ヨーシフ　33, 107-109
ステパノヴァ、エカテリーナ　193
スパイクマン、ニコラス　30
スラッデン、ジェームズ　191, 192
世耕弘成　201
ソルジェニーツィン、アレクサンドル　28, 46, 134
ソローキン、ウラジーミル　200, 238

【た　行】

タムネス、ロルフ　241, 242
チェレーン、ルドルフ　31
チャラップ、サミュエル　132, 143, 144
ツィガンコフ、アンドレイ　61
鶴岡路人　267
デヤーモンド、ルース　54, 64, 78
ドゥーギン、アレクサンドル　46, 48, 49, 64
ドヴォルキン、ウラジーミル　255, 256
トール、ジェラルド　44, 46, 47, 49, 50, 68
ドノヴァン、ジョージ　90
トランプ、ドナルド　58
トルドー、ジャスティン　230
トルドー、ピエール　230
トレーニン、ドミトリー　35, 53, 70, 71, 99

【な　行】

中井遼　110, 270
中山太郎　107, 109
名越健郎　186
西山淳一　270

【は　行】

パイファー、スティーブン　130, 138
ハウスホーファー、カール　31

「ポロネズ」多連装ロケット発射システム（MLRS） 237

【ま　行】

南オセチア　88, 89, 91, 92, 97-101, 161
南シナ海　66, 233
ムルマンスク　242, 244
モスクワ　11, 33, 34, 36, 40, 46, 68, 77, 86, 103, 138, 143, 153, 209, 210, 230
モスクワ平和条約　104
モルドヴァ　132, 139, 143, 145, 147, 161, 169
モロトフ=リッベントロープ協定　106

【や　行】

ユーゴスラヴィア　44, 55, 97
要塞　41, 77, 78, 215, 246, 255, 257, 258, 265
　核要塞　215, 216

【ら　行】

ラトヴィア　103, 104, 108, 110, 111, 116, 117, 119-123, 236, 269
ランドパワー　30
リガ　103, 104, 108, 118, 120-124, 226
リガ条約　104
リトアニア　104, 106, 108, 110, 116, 118, 135, 236, 237
リビア　195
ルーマニア　98, 143
ロシア
　ロシア系住民　41, 47, 55, 114-116, 119, 120, 122, 123, 132, 154-156, 162
　ロシア語　8, 29, 47, 48, 55, 110, 112, 119, 123, 124, 126, 127, 135, 136, 160, 261, 266
　ロシア人　6, 9, 11, 15, 28, 29, 32, 34, 35, 41, 43, 48, 65, 88, 126, 127, 130, 132, 136, 152, 158, 159, 162, 261, 262
　ロシア名　1, 213
ロシア軍　44, 45, 69, 88-90, 92, 101, 108, 118, 136, 150-152, 155, 163, 164, 166-168, 171, 174-176, 178-183, 185, 196, 197, 212, 213, 215-217, 223, 234, 236, 237
　海軍　141, 152, 197, 214
　　カスピ小艦隊　168, 214
　　黒海艦隊　89, 141, 151, 152, 168, 197, 214
　　太平洋艦隊　214-216, 257
　　バルト艦隊　168, 214
　　北方艦隊　168, 214, 216, 257
　航空宇宙軍　89, 168, 181, 184, 213, 264

【わ　行】

ワグネル　186, 187

【英数字略字項目】

CENTO（中央条約機構）　192
CFE（欧州通常戦力）　97
EU　59, 71, 72, 80, 92, 95, 97, 111, 121, 130, 139, 141-148, 232
Facebook　121
GIUKギャップ　244-246, 256
ICBM　40, 218, 237, 256
MD（弾道ミサイル防衛）　72, 92, 99, 188, 189, 209, 210, 218, 219, 255, 256
NATO　44, 50, 53-55, 59, 69, 71, 72, 80, 89, 91-93, 95-100, 111, 115, 118, 120, 122, 130, 138-141, 158, 159, 165, 167, 218, 219, 232, 236, 254, 258
　NATOストラトコムCOE　120, 122, 123
　NATO戦略的コミュニケーション卓越研究拠点　120
R2P（保護する責任）　55, 65, 66, 78, 79
SNS　121, 146
Su−25　214
Su−27　237
Su−35S　214, 265
THAAD　218
Twitter　121
667BDRM型SSBN　257
955型（ボレイ級）　216, 257

257
弾道ミサイル防衛（MD）　72, 92, 99, 188, 189, 209, 210, 218, 219, 255, 256
チェコ　99, 143
チェチェン　33, 38, 93, 97, 163, 181, 186
地政学　29-31, 41, 42, 44-49, 67, 131, 134, 180, 241, 268
秩序　15, 49, 53, 55, 63, 64, 66-70, 72, 73, 77-81, 158, 178, 188, 192, 211, 257, 267, 268
中央アジア　68, 71, 91, 92, 218, 225, 232, 237, 251, 262
中国　9, 10, 13, 31, 59, 63, 66, 80, 106, 153, 200, 224-238, 257, 262
チューリップ革命　74
帝国志向／帝国　15, 35, 37, 43-50, 68-70, 103, 104, 110, 115, 124, 125, 131, 134, 160,-162, 180, 188, 226, 242, 252, 261, 262
ドイツ　30, 31, 39, 47, 49, 58, 59, 67, 96, 104, 106, 109, 110, 113, 114, 231, 242, 244
東欧　31, 44, 46, 69, 72, 80, 92, 99, 143, 255, 262
東部軍管区　180, 213, 226, 234
東方経済フォーラム　201, 205
トルクメニスタン　71, 169
ドンバス　53, 161-164, 174, 181

【な　行】

ナゴルノ·カラバフ　13, 161
ナチス（ナチズム）　29, 31, 39, 113, 120
ナルヴァ　112, 116
日米安全保障条約（日米安保条約）　60, 204, 209, 210, 220
日米地位協定　211
「日米地位協定の考え方」　211
日ソ共同宣言　202, 206-208, 220
日本　1, 4-9, 11, 30-34, 39, 60, 65, 107-109, 121, 125, 131, 132, 134, 159, 190, 201, 202, 204-212, 218, 220-225, 228, 234, 235, 248, 261-265, 268
ノーヴァヤ·ゼムリャー島　246

【は　行】

ハートランド　30
バール　214
パキスタン　13
ハバロフスク　226, 228-230
歯舞群島　2, 202, 217
バラ革命　74
バルト三国（諸国）　92, 102-111, 113, 115, 118, 119, 138, 139, 143, 144, 156, 161, 218, 270
バレンツ海　251, 253, 255
ヒエラルキー　61, 68, 70
フェイクニュース　120, 121
ディープ·フェイク　121, 122
ブラジル　63
フランス　89, 106
ブリテン島　244
ブレジネフ·ドクトリン　64
ブロンズの夜　114, 115
米国　13, 30, 42, 44, 46, 53-55, 60, 62-64, 66, 69, 73, 74, 77, 79, 90-93, 97-99, 106, 118, 120, 130, 138, 139, 167, 176-179, 182, 190, 192-198, 209-211, 215, 218, 222, 224, 230, 232, 233, 235, 242, 245, 246, 254, 256-259, 262, 263
米国地質学研究所（USGS）　247
ペツェリ　112
ベラルーシ　15, 41, 47, 48, 55, 71, 132, 134, 141, 143, 169, 236-238
防衛白書　233
防護戦闘遂行地域（ZRBD）　215
ポーランド　46, 131, 135, 143, 144, 236, 237
保護する責任（R2P）　55, 65, 66, 78, 79
北極　172, 214-216, 225, 241-260
北極圏　241-244, 246, 250, 254, 256, 257, 259, 268
北極海航路（NSR）　248, 249, 250, 251, 259, 260
北方領土（北方四島）　1, 2, 5, 6, 8, 9, 10, 12, 13, 16, 54, 85, 112, 186, 201-222, 261, 263-265, 268, 269
「ほとんど我々」　131, 134, 179

92, 98, 99, 101-103, 115, 132, 139, 140, 143, 147, 161, 165, 169, 170, 182, 186, 269
軍事ドクトリン　46, 73, 77, 189
限定行動戦略　183, 185, 187, 195
攻撃型原潜(SSN)　246, 254
国民　9, 13, 15, 35, 37-39, 41, 44, 54, 67, 76, 77, 96, 108, 109, 113, 114, 116, 118, 122, 123, 154, 179, 180, 187, 231, 237
国連　78, 79, 94, 95
コソヴォ　97, 154
国家　3, 13-15, 31, 32, 34, 35, 37, 39, 41, 43, 44, 46-49, 53, 55, 58-66, 68-70, 73, 75-78, 80, 89, 91, 93, 99-101, 110, 113, 120, 123, 130, 132, 134, 135, 139, 142, 156-159, 161, 166, 167, 170, 178, 184, 188-190, 210, 211, 216, 228, 231, 232, 236, 249-252, 258, 260, 267, 270
黒海　12, 88-90, 141, 150-152, 168, 171, 196, 197, 214, 244, 256
国家軍備プログラム　216
国境　4, 7, 13-15, 28, 33, 41-44, 47, 52, 54, 64, 65, 69, 70, 79, 112, 113, 116, 143, 166, 167, 184, 186, 224, 226-228, 233, 235-237, 250, 251, 262, 264
　国境線　13, 15, 42, 48, 163
　国境紛争　13-15, 227

【さ　行】

サイバー攻撃　90, 114, 115, 120
サハリン　2, 9, 10, 186, 213, 264
サンクトペテルブルク　61, 153, 209, 218
サンフランシスコ講和条約　202
参謀本部情報総局(GRU)　186
シーパワー　30
色丹島　10, 202, 206, 213, 217, 220
集団安全保障条約機構(CSTO)　236
主権　13-15, 44, 47, 55, 58-66, 68, 70, 73, 77-80, 94, 99, 100, 111, 123, 153, 158-160, 202, 207-211, 220, 222, 267
　制限主権論　64, 65
　歴史的主権　47, 65, 67, 70, 78-80
巡航ミサイル　171, 175, 182, 196, 255
シリア　53-55, 174-176, 178-189, 192-198, 223
人口圧力　225, 229, 230
スイス　106
スウェーデン　31, 258
西欧志向／西欧　44, 45, 46
制裁　12, 194, 231, 259
「制裁を通じてアメリカの敵に対抗する法律(CAATSA)」　259
生存圏(レーベンスラウム)　31
勢力圏　50, 64, 68, 70-74, 77-81, 92, 93, 99, 111, 131, 132, 134, 137, 138, 141, 142, 144, 146, 158, 159, 165, 178, 188, 190, 232, 233, 236, 238, 262, 267
接近阻止・領域拒否(A2／AD)　215-217, 256, 260
セルビア　97
潜水艦発射弾道ミサイル(SLBM)　218, 245, 257
ソ連(ソヴィエト社会主義共和国連邦)　10, 12, 29-31, 33, 35-39, 41, 42, 44-50, 54, 55, 58, 60, 62-65, 67, 68-71, 74, 77-80, 85, 86, 89-92, 96, 101-104, 106-114, 116, 119, 123, 131, 132, 134, 137-143, 146, 147, 151-153, 156, 160, 161, 166, 169, 170, 178, 188-192, 194, 195, 202, 204, 212-215, 228, 230, 232, 233, 236-238, 242, 245-248, 254, 257, 261, 262, 264, 268
　ソ連軍　5, 106, 113, 114, 119, 178, 202, 215, 233

【た　行】

第18機関銃砲兵師団　186, 213
大ウスリー島　227, 228
大国志向／大国　44, 49, 50, 58, 60, 61, 63, 65, 68-70, 72, 77-80, 99, 195, 198, 244, 250, 257, 268
多極世界　63, 64, 67, 73, 77
タリン　103, 108, 113-115, 118, 124, 126, 226
　タリン・マニュアル　115
タルトゥ条約　104, 112
弾道弾迎撃ミサイル(ABM)条約　92
弾道ミサイル原潜(SSBN)　214-216, 245, 254-

項目索引

【あ　行】

アイスランド　244, 245
アイデンティティ　37, 39-42, 44, 45, 113, 132, 147, 180, 261, 268
アジア　32-34, 45, 47, 68, 71, 91, 92, 131, 142, 188, 209, 218, 224, 225, 230, 232, 233, 237, 248, 251, 260-262
アゼルバイジャン　13, 132, 139, 143, 161, 169, 237
アナーキー　61, 63, 64
アフガニスタン　53, 55, 91
アブハジア　89, 91, 92, 97, 98, 100, 101, 161
アフリカ　71, 75, 188, 189
アムール川　226, 227
アラスカ　209, 212
アラブの春　74, 75, 77, 175, 194
アルメニア　13, 71, 132, 143, 145, 161, 169
イージス・アショア　218
　イージス艦　219, 255, 256
イギリス　43
イスラエル　89, 197
イスラム国(IS)　175, 182, 185, 187, 192, 193
イタリア　94, 95, 106
一極世界　63, 64, 73, 74, 94
一帯一路　232
イラク　55, 66, 92, 107, 139, 176, 185, 196
インド　13, 59, 63, 248, 250
ヴァルダイ　62, 73
ウェストファリア　69, 78
　ウェストファリア的秩序　44, 55, 69, 70, 78
ヴォストーク2018　234
ウクライナ　12, 15, 32, 38, 41, 43, 47, 48, 53, 54, 55, 66, 71, 74, 77, 79, 80, 82, 92, 98, 117, 118, 120, 121, 130-132, 134-140, 142, 143, 145, 147, 149, 151, 152, 154-164, 169, 170, 179, 180, 186, 193, 194, 233, 262, 263
　ウクライナ危機　15, 55, 62, 63, 91, 120, 136, 170, 179, 231, 258, 259, 269
ウズベキスタン　71, 139, 169
ウスリー川　226, 227
ウラジオストク　201, 205, 206, 209
エジプト　195, 196
エストニア　84, 103, 104, 108, 110, 112-120, 124, 125, 156, 269
　エストニア国内保安庁　119
エスニック集団　31, 47, 48, 65
えとぴりか　2, 3, 5-7, 265
択捉島　1, 5, 10, 186, 202, 204, 213, 214, 217, 263, 265
沖縄　209, 261
オランダ　231
オリガーキー　64
オレンジ革命　74, 140, 147

【か　行】

化学兵器　176
　化学兵器禁止条約(CWC)　176
カザフスタン　55, 71, 132, 141, 169, 233
カナダ　13, 167, 230, 248, 252, 262, 263
カフカス　33, 38, 89, 101, 143, 237, 262
カラー革命　74, 75, 77, 79, 194, 232, 262
韓国　33, 209, 218
北朝鮮　33, 60
極東　12, 32, 186, 201, 226, 228-231, 233, 234, 248, 261, 262
　極東連邦管区　226, 228
国後島　1-8, 10, 11, 13, 202, 204, 213, 214, 217
グリーンランド　244, 245
クリミア　11, 12, 67, 135, 136, 150-159, 161, 162, 170, 171, 181
　クリミア半島　12, 53, 66, 116, 141, 149-152, 155, 158, 161, 162
クリル諸島　8, 214, 215
　クリル諸島社会経済発展計画　5
グルジア(ジョージア)　55, 67, 71, 74, 80, 85-

小泉　悠（こいずみ・ゆう）

1982年千葉県生まれ。早稲田大学社会科学部、早稲田大学大学院政治学研究科修士課程修了（政治学修士）。民間企業、外務省専門分析員、未来工学研究所研究員、国立国会図書館非常勤調査員などを経て2019年から東京大学先端科学技術研究センター特任助教、現在は専任講師。専門はロシアの安全保障政策、軍事政策等。主著に『軍事大国ロシア』（作品社）、『プーチンの国家戦略』（東京堂出版）がある。

「帝国」ロシアの地政学
「勢力圏」で読むユーラシア戦略

2019年７月10日　初版発行
2022年３月30日　７版発行

著　　者　小泉　悠
発 行 者　大橋信夫
発 行 所　株式会社 東京堂出版
〒101-0051　東京都千代田区神田神保町1-17
電　話　(03)3233-3741
http://www.tokyodoshuppan.com/
装　　丁　斉藤よしのぶ
Ｄ Ｔ Ｐ　株式会社オノ・エーワン
印刷・製本　中央精版印刷株式会社

ISBN978-4-490-21013-2 C0031

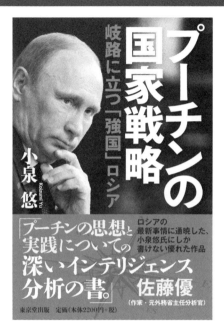